U0653561

走进小古文·文言字词句入门

丛书主编　吴庆芳
本册主编　何　慧

上海交通大学出版社
SHANGHAI JIAO TONG UNIVERSITY PRESS

内容提要

　　本书是"交大之星——走进小古文"丛书之一。小学生在小古文、文言文入门学习时，由于没有一定的基础，常常会感到文言字词句难度太大，对学习产生畏难的情绪。本书围绕文言文学习中的重难点，即重点实词、虚词、通假字、古今异义词、词类活用现象、常见文言句式、文言断句和翻译等专题展开讲解，每个专题设"读读想想""学学记记""做做练练""趣味拓展"几大栏目，讲练结合，并融入"巧记""我的笔记""趣味知识拓展"等，让读者边学边练，边练边记，为其文言文学习打下坚实的基础。本书适合初学文言文的小学生、初中生使用，也可作为小学、初中语文教师的教学参考用书。

图书在版编目（CIP）数据

走进小古文·文言字词句入门 / 吴庆芳主编 . —上海：上海交通大学出版社，2019（2025重印）
（交大之星）
ISBN 978-7-313-15285-5

Ⅰ. ①走… Ⅱ. ①吴… Ⅲ. ①文言文 -小学 -教学参考资料 Ⅳ. ①G624.203

中国版本图书馆 CIP 数据核字（2019）第 009687 号

走进小古文·文言字词句入门

主　　编：吴庆芳
出版发行：上海交通大学出版社　　　　　地　　址：上海市番禺路951号
邮政编码：200030　　　　　　　　　　　电　　话：021-64071208
印　　制：上海新艺印刷有限公司　　　　经　　销：全国新华书店
开　　本：787mm×1092mm　1/16　　　印　　张：7.5
字　　数：100千字
版　　次：2019年7月第1版　　　　　　印　　次：2025年6月第15次印刷
书　　号：ISBN 978-7-313-15285-5
定　　价：25.00元

前 言

古时候有一句谚语说得好，"之乎者也矣焉哉，用得成章好秀才。" 意思是说，只要这些文言虚词用得好，就能写出好的文章。这句话反映出古人学习文言文和文言字词的重要性。今天，随着语文教材的"大变样"，教材中古诗文篇目大幅增加，语文考试中古诗文所占比重逐渐增大，古诗文的学习显得越来越重要。学习文言文和文言字词句知识，不仅是为了迎合语文考试，更有助于弘扬中华传统文化，所以应该及早起步。

小学阶段的文言文学习，一般只是对古诗文的诵读、理解和积累等提出要求，并未对文言字词句的学习作出具体规定，目前图书市场上也未见指导小学生学习文言字词句知识的专题图书。鉴于此，经过反复的调查研究与论证，我们组织全国优秀的特级教师和高级教师，策划并编写了《走进小古文·文言字词句入门》一书。

《走进小古文·文言字词句入门》依据文言文学习的基础点，抓住文言文学习中的重难点，设置重点实词、虚词、通假字、一词多义、古今异义词、词类活用、文言句式和文言翻译等专题，用趣味导入、举例讲解、题目练习等多种形式让学生能轻松快乐地学习、掌握、积累与训练，扫清学习文言文中的障碍，激发学生学习文言文的兴趣。

在本书中，每课安排以下四个板块：

读读想想：用含有本课要讲解的文言字词句知识的古诗激发学生的兴趣，从而导入学习要点。

学学记记：用表格的形式呈现本课文言字词句知识，针对知识点举例讲解，并将文言字词句的重要内容编成口诀，帮助学生理解与记忆。

做做练练：通过设置几道小练习，促进学生对文言字词句的理解与运用。练习题后设置"我的笔记"环节，鼓励学生课外积累与本课相关的文言知识，达到举一反三、触类旁通的效果。

趣味拓展：呈现文言文和文言字词句方面的故事，有的是呈现含有本课知识点的文言文,并附翻译。

　　本书适合初识文言文的小学生和初学文言文的初中起始年级学生使用；当然，也适合更高年级的学生使用；同时也适合老师、家长学习和辅导使用。希望大家能通过学习并积累文言文常用字词句知识，真正实现自主、自由地学习、理解、积累、运用文言文和文言字词句知识，去真正触摸博大精深的古代文化，去尽情感受文言文的无穷魅力。

编　者

目 录

第①课 通 假 字

通假字是文言文中的用字现象之一，"通假"就是"通用、借代"的意思，即用读音相同或者相近的字代替本字。通假字所代替的那个字我们把它叫作"本字"，用来替代的字叫"通假字"。

读读想想

chì lè gē
敕 勒 歌

běi cháo mín gē
北 朝 民 歌

chì lè chuān
敕 勒 川，

yīn shān xià
阴 山 下。

tiān sì qióng lú
天 似 穹 庐，

lǒng gài sì yě
笼 盖 四 野。

tiān cāng cāng　yě máng máng
天 苍 苍，野 茫 茫，

fēng chuī cǎo dī xiàn niú yáng
风 吹 草 低 见 牛 羊。

> 想一想："风吹草低见牛羊"中的"见"字是什么意思？

> "见"是通假字，通"现"，显露。

学学记记

【表解】

常见通假字	举　例	句　意
说：通"悦"，读"yuè"，愉快。	学而时习之，不亦说乎？ ——《论语》	学过的内容要经常温习，不也是一件很愉快的事吗？
知：通"智"，读"zhì"，智慧。	孰为汝多知乎？ ——《两小儿辩日》	谁说您十分有智慧呢？
见：通"现"，读"xiàn"，出现。	旧时茅店社林边，路转溪桥忽见。 ——《西江月》	往日，土地庙附近、树林旁的茅屋小店哪里去了？拐了个弯，茅店忽然出现在我的眼前。
亡：通"无"，读"wú"，没有。	最喜小儿亡赖，溪头卧剥莲蓬。 ——《清平乐·村居》	最令人喜爱的是顽皮的小儿子，他正横卧在溪头草丛，剥着刚摘下的莲蓬。
止：通"只"，读"zhǐ"，只是。	担中肉尽，止有剩骨。 ——《狼》	担子里面的肉已经卖完了，只有剩下的骨头。
坐：通"座"，座位。	先自度其足而置之其坐。 ——《郑人买履》	事先量了自己脚的尺码，然后把量好的尺码放在自己的座位上。
反：通"返"，返回。	寒暑易节，始一反焉。 ——《愚公移山》	寒来暑往，季节交换，才往返一趟。
女：通"汝"，你。	诲女知之乎？ ——《论语》	（让为师）教导你对待知与不知的态度吧！

【巧记】

通假字，字音同，巧分清，字义通。

见现亡无，说悦知智，反返女汝，坐座止只。

做做练练

一、对"止有剩骨"中通假字判断正确的一项是（　　）。

    A．"止"通"只"

    B．"止"通"趾"

二、对下列句子中通假字判断正确的一项是（　　）。

    A．亡羊而补牢，未为迟也。　　　　　　　　　　　　——《亡羊补牢》

    亡：通"无"，没有。

    B．及反，市罢，遂不得履。　　　　　　　　　　　　——《郑人买履》

    反：通"返"，返回。

    C．见贤思齐焉，见不贤而内自省也。　　　　　　　　　——《论语》

    见：通"现"，出现。

    D．停车坐爱枫林晚，霜叶红于二月花。　　　　　　　　——《山行》

    坐：通"座"，座位。

三、请找出下列句子中的通假字，并写出通假字的意思。

    1．知之为知之，不知为不知，是知也。　　　　　　　　——《论语》

    _____

    2．读书百遍，而义自见。　　　　　　　　　　　　——《三国志·魏志》

    _____

    3．河曲智叟亡以应。［河曲：古地名。叟（sǒu）：老头。］——《愚公移山》

    _____

    4．秦王必说见臣。（见：召见。）　　　　　　　　——《荆轲见秦王》

    _____

    5．满坐寂然，无敢哗者。（寂然：安静的样子。哗：喧哗，大声说话。）——《口技》

    _____

6. 顾反为女杀彘。[彘(zhì)：猪。]

——《曾子杀彘》

📋 我的笔记

在平时的学习中，除了以上这些通假字，你还知道哪些通假字？请你把收集的通假字写在下面。

我积累的含有通假字的句子

1. _____
2. _____
3. _____
4. _____
5. _____
6. _____
7. _____

趣味拓展

徙薪曲突（一文多通假字）

客有过主人者，见其灶直突，傍（傍：通"旁"，旁边）有积薪。客谓主人："更为曲突，远徙其薪；不（不：通"否"，否则）者，且有火患。"主人嘿［通"默"，嘿(mò)然：不说话的样子］然不应。俄而，家果失火，邻里共救之，幸而得息（息：通"熄"，灭）。于是杀牛置酒，谢其邻人，灼烂者在于上行，余各以功次坐（坐：通"座"，座位），而不录言曲突者。人谓主人曰："乡（乡：通"向"，从前）使听客之言，不费牛酒，终亡［亡(wú)：通"无"，没有］火患。今论功而请宾，曲突徙薪者亡［亡(wú)：通"无"，没有］恩泽，焦头烂额为上客耶？"主人乃寤（寤：通"悟"，醒悟，觉悟）而请之。

参考译文：

有一个过访主人的客人,看到(主人家)炉灶的烟囱是直的,旁边还堆积着柴草,便对主人说:"重新造一个弯曲的烟囱,将柴草远离烟囱。不然的话,就会有发生火灾的忧患。"主人沉默不答应。不久,家中果然失火,邻居们一同来救火,幸好把火扑灭了。于是,(主人)杀牛置办酒席,答谢邻人们。被火烧伤的人安排在上席,其余的按照功劳依次排定座位,却不邀请提"曲突"建议的客人。有人对主人说:"当初如果听了那位客人的话,也不用破费摆设酒席,始终也不会有火患。现在论功劳邀请宾客,(为什么)提'曲突徙薪'建议的人没有受到答谢、恩惠,而被烧伤的人却成了上客呢?"主人这才醒悟,去邀请那位客人。

第 2 课　古今异义词

我们把古义和今义不相同的词叫古今异义词,古今词义中的差异是随着社会发展变化的结果。因此,不能用现在的意思去解释一些词语的古义。

读读想想

chūn xiǎo
春　晓

táng　mèng hào rán
〔唐〕孟浩然

chūn mián bù jué xiǎo
春眠不觉晓,

chù chù wén tí niǎo
处处闻啼鸟。

yè lái fēng yǔ shēng
夜来风雨声,

huā luò zhī duō shao
花落知多少。

"处处闻啼鸟"中的"闻"是什么意思?这句诗是什么意思?

"闻"的意思是"听到"。这句诗的意思是"到处听到鸟儿的叫声"。

学学记记

【表解】

常见古今异义词	举　例	句　意
闻(古义:听到;今义:用鼻子嗅)	忽**闻**岸上踏歌声。 ——《赠汪伦》	忽然听到岸上传来歌声。
走(古义:跑;今义:行走)	双兔傍地**走**。 ——《木兰诗》	雄雌两只兔子一起并排着跑。
厌(古义:满足;今义:讨厌)	学而不**厌**。 ——《论语》	勤奋学习而不感到满足。
汤(古义:热水;今义:稀状食物)	及其日中如探**汤**。 ——《两小儿辩日》	到了中午却像把手伸进热水里一样。
去(古义:离,离开;今义:到某地去)	我以日始出时**去**人近。 ——《两小儿辩日》	我认为太阳刚刚升起时离人近一些。
郭(古义:外城;今义:姓氏)	绿树村边合,青山**郭**外斜。 ——《过故人庄》	翠绿的树林围绕着村落,苍青的山峦在城外横卧。
儿女(古义:子侄这一代晚辈的统称;今义:儿子和女儿)	无为在歧路,**儿女**共沾巾。 ——《送杜少府之任蜀州》	在这即将分手的岔路口,不要同那些小辈们一样挥泪告别啊!

【巧记】

古义今义大不同,牢牢记住才会懂。

"闻"古为听,"闻"今为嗅;

"去"古离开,今到哪去;

"走"古为跑,"走"今行走;

"汤"古热水,今为食物;

"厌"今讨厌,古为满足;

"郭"古外城,今为姓氏;

"儿女"古晚辈,今儿子女儿。

做做练练

一、"谢太傅寒雪日内集，与儿女讲论文义。"这句话中的"儿女"是什么意思？（　　　）（内集：家庭聚会。讲论文义：讲解谈论诗文。）

　　A. 儿子和女儿　　　　　　　B. 子侄这一代的晚辈们

二、"不闻爷娘唤女声，但闻黄河流水鸣溅溅"中"闻"的意思是（　　　）。

　　A. 闻到味道　　　　　　　　B. 听到

三、写出下列句子中加点字的古今意义。

　　1. 食不**厌**精，脍不**厌**细。　　　　　　　　　　　——《论语》

　　古义：＿＿＿＿＿＿　　　今义：＿＿＿＿＿＿＿

　　2. 青山横北**郭**，绿水绕东城。　　　　　　　　　——《送友人》

　　古义：＿＿＿＿＿＿　　　今义：＿＿＿＿＿＿＿

　　3. 兔**走**触株，折颈而死。　　　　　　　　　　　——《守株待兔》

　　古义：＿＿＿＿＿＿　　　今义：＿＿＿＿＿＿＿

　　4. 得钱千五百，乃**去**。　　　　　　　　　　　——《宋定伯捉鬼》

　　古义：＿＿＿＿＿＿　　　今义：＿＿＿＿＿＿＿

　　5. 赴**汤**蹈火

　　古义：＿＿＿＿＿＿　　　今义：＿＿＿＿＿＿＿

我的笔记

　　在平时的学习中，除了以上提到的古今异义词，你还知道哪些？请将你积累的古今异义词写在下面，并试着写一写这些词的古今意义。

1. 句子：_____,句中的古今异义词：_____

古义：_____　　　今义：_____

2. 句子：_____,句中的古今异义词：_____

古义：_____　　　今义：_____

3. 句子：_____,句中的古今异义词：_____

古义：_____　　　今义：_____

趣味拓展

咏　雪

谢太傅寒雪日内集,与**儿女**讲论文义。俄而雪骤,公欣然曰:"白雪纷纷何所似?"兄子胡儿曰:"撒盐空中差可拟。"兄女曰:"未若柳絮因风起。"公大笑乐。即公大兄无奕女,左将军王凝之妻也。

参考译文:

谢太傅在一个寒冷的雪天举行家庭聚会,和子侄辈们谈论诗文。不久,雪下大了,谢太傅高兴地说:"这纷纷扬扬的大雪像什么呢?"他哥哥的长子谢朗说:"差不多可以跟把盐撒在空中相比。"他哥哥的女儿谢道韫说:"不如比作柳絮凭借风漫天飞舞。"谢太傅高兴地笑了起来。她就是谢太傅的大哥谢无奕的女儿,左将军王凝之的妻子。

第 3 课　一 词 多 义

文言文中,有些词语在不同的语句中具有不同的意思,阅读时应根据具体的语境确定词语在句子中的意思,这样才能正确理解语句。

读读想想

guò gù rén zhuāng
过 故 人 庄

táng mèng hào rán
[唐] 孟浩然

gù rén jù jī shǔ　　yāo wǒ zhì tián jiā
故人具鸡黍,邀我至田家。

lǜ shù cūn biān hé　　qīng shān guō wài xié
绿树村边合,青山郭外斜。

kāi xuān miàn chǎng pǔ　　bǎ jiǔ huà sāng má
开轩面场圃,把酒话桑麻。

dài dào chóng yáng rì　　huán lái jiù jú huā
待到重阳日,还来就菊花。

诗题中的"故"是什么意思?诗题是什么意思?

"故"是"旧、老"的意思。诗题的意思是拜访老朋友的村庄。

学学记记

【表解】

常见一词多义词	意　思	举　例	句　意
故	①旧知识	温**故**而知新。 ——《论语》	温习旧知识,从而得知新的理解与体会。
	②原因,缘故	但为君**故**,沉吟至今。 ——《短歌行》	只是因为您的缘故,让我沉痛吟诵至今。
	③本来,原来	而两狼之并驱如**故**。 ——《狼》	可是两只狼像原来一样一起追赶。
	④旧,老朋友	浮云游子意,落日**故**人情。 ——《送友人》	浮云像游子一样行踪不定,夕阳徐徐下山,恰如故人的留恋之情。
	⑤所以	**故**时有物外之趣。 ——《童趣》	所以常常能感受到超出事物本身的乐趣。
亡	①逃跑	怀其璧,从径道**亡**。 ——《廉颇蔺相如列传》	把玉璧藏在怀里,从小路逃走。
	②灭亡	此诚危急存**亡**之秋也。 ——《出师表》	这果真是危急存亡的时候了。
	③通"无",没有	河曲智叟**亡**以应。 ——《愚公移山》	河曲智叟没有话来回答他。
	④丢失	**亡**羊而补牢。 ——《亡羊补牢》	羊逃跑丢失了,再去修补羊圈。
知	①了解	人不**知**而不愠。 ——《论语》	别人不了解你,你却不恼怒。
	②知道,懂得	温故而**知**新。 ——《论语》	温习旧知识从而得知新的理解与体会。
	③通"智",聪明	**知**之为**知**之,不知为不知,是**知**也。 ——《论语》	知道就是知道,不知道就是不知道,这才是真正的智慧。

（续表）

常见一词多义词	意 思	举 例	句 意
道	① 道路	道狭草木长,夕露沾我衣。 ——《归园田居·其三》	狭窄的山路草木丛生,夜露沾湿了我的衣服。
	② 志向	道不同,不相为谋。 ——《论语》	志向不同的人,就不能在一起谋划。
	③ 说,讲	不足为外人道也。 ——《桃花源记》	不值得对外边的人说。
从	① 跟随,随行	一狼得骨止,一狼仍从。 ——《狼》	一只狼得到那根骨头之后就停了下来,另外一只仍然跟着他。
	② 自,由。用作虚词,表示起点	儿童相见不相识,笑问客从何处来。 ——《回乡偶书》	好奇的孩子见了我都不认识,笑着问:"老人家,您从哪里来?"
非	① 不是	花非花,雾非雾。 ——《花非花》	说它是花,不是花;说它是雾,不是雾。
	② 过失	无心非,名为错。有心非,名为恶。 ——《弟子规》	无心犯的过失,这种过失称为错。假如已经知道这件事是错的,但是还要去做,那就是作恶。
去	① 离开	待君久不至,已去。 ——《陈太丘与友期》	等待您很长时间而您却没有来,他已经离开了。
	② 距离	我以日始出时去人近。 ——《两小儿辩日》	我认为太阳刚刚升起的时候距离人近。
名	① 名字	军书十二卷,卷卷有爷名。 ——《木兰诗》	这些征集士兵的军令啊,张张都有我父亲的名字。
	② 出名,有名声	山不在高,有仙则名。 ——《陋室铭》	山不在于高,有了神仙就出名。
	③ 说出,解释	不能名其一处也。 ——《口技》	不能说出它的其中一处。
见	① 看见	昨夜见军帖,可汗大点兵。 ——《木兰诗》	昨天晚上看见征兵文书,知道统治者在大规模征兵。
	② 拜见	冉有、季路见于孔子。 ——《论语》	冉有、季路拜见孔子。

(续表)

常见一词多义词	意　思	举　例	句　意
见	③同"现"，知道，显露，出现	书读百遍，其义自见。(知道) 风吹草低见牛羊。(显露)	读书上百遍，其中的道理自然就能领会了。 风吹开草，牛羊露了出来。
	④见解	各抒己见	各人充分发表自己的意见。

【巧记】

多义词多意义，同学们要牢记。

"故"旧知识原因，本来老朋友所以。

"亡"逃跑灭亡，"亡"通"无"丢失。

"知"了解知道，"知"通"智"聪明。

"道"道路志向说。

"从"跟随，"从"起点。

"非"不是，"非"过失。

"去"离开，"去"距离。

"名"名字出名说出。

"见"看见拜见见解，"见"通"现"知道显露。

做做练练

一、下列词语中的"见"和"各抒己见"的"见"意思不同的一项是(　　　)。

　　A. 固执己见　　　　　　　B. 依我之见

　　C. 真知灼见　　　　　　　D. 视而不见

二、下列各项中的加点字用法、意思相同的是(　　　)。

　　A. 人不知而不愠　　　　　温故而知新

B. 不可**名**状　　　　　　大**名**鼎鼎

C. 温**故**而知新　　　　　　人问其**故**

D. **亡**羊补牢　　　　　　　马无故**亡**而入胡

三、写出下列词语在不同句子中的意思。

故 { 　① **故**人西辞黄鹤楼　（　　　　）
　　　② 马无**故**亡而入胡　（　　　　）

知 { 　① 人非生而**知**之者　（　　　　）
　　　② 孰为汝多**知**乎　　（　　　　）

从 { 　① 太守归而宾客**从**也（　　　　）
　　　② **从**古到今　　　　（　　　　）

亡 { 　① 最喜小儿**亡**赖　　（　　　　）
　　　② 暮而果大**亡**其财　（　　　　）

📰 我的笔记

在平时的学习中，除了以上这些多义词，你还知道哪些其他的多义词？请将你积累的多义词写在下面。

我积累的含有多义词的句子

1. _____

2. _____

3. _____

4. _____

5. _____

童趣（节选）

余忆童稚时，能张目对日，明察秋毫，见藐小之物必细察其纹理，故时有物外之趣。

夏蚊成雷，私拟作群鹤舞于空中，心之所向，则或千或百，果然鹤也；昂首观（观看）之，项为之强。又留蚊于素帐中，徐喷以烟，使之冲烟而飞鸣，作青云白鹤观（景象，景观），果如鹤唳云端，为之怡然称快。

参考译文：

我回忆自己年幼的时候，能够张大眼睛直视太阳，也能注意到最细微的事物。（当我）见到微小的事物，必定会仔细观察它的纹理，所以常常能感受到超出事物本身的乐趣。

夏天蚊子的嗡嗡声如雷，我暗暗把它们比作成群的白鹤在空中飞舞。我心里这样想，成百上千的蚊子果真变成白鹤了；我抬着头看它们，脖子也因此僵硬了。（我）又留几只蚊子在未染色的帐子里，慢慢地用烟喷它们，让它们冲着烟雾边飞边鸣叫，形成"青云白鹤"的景观，果然就像白鹤在云端飞鸣，因此我高兴得拍手叫好。

第 4 课 文言虚词 "之" 的用法

文言文中的 "之" 字,随处可见,不同的语言环境里有不同的含义。要正确地阅读和理解文言文,就要弄清 "之" 字的用法。

读读想想

送孟浩然之广陵
sòng mèng hào rán zhī guǎng líng

[唐] 李 白
táng lǐ bái

故人西辞黄鹤楼,
gù rén xī cí huáng hè lóu

烟花三月下扬州。
yān huā sān yuè xià yáng zhōu

孤帆远影碧空尽,
gū fān yuǎn yǐng bì kōng jìn

唯见长江天际流。
wéi jiàn cháng jiāng tiān jì liú

> 诗题中的 "之" 是什么意思? 诗的题目是什么意思?

> "之" 的意思是 "到"。诗的题目意思是送孟浩然到广陵去。

学学记记

【表解】

"之" 的几种用法	举 例	句 意
1. 指示代词,代指人、事、物	我见相如,必辱之。(他) ——《廉颇蔺相如列传》	我见到蔺相如,必定讥辱他一番。

16

(续表)

"之" 的几种用法	举　例	句　意
2.结构助词 "的"	水陆草木之花。(的) ——《爱莲说》	水中、陆地上各种各样的花。
3.动词,到、往、去的意思	送杜少府之任蜀州。(到) ——《送杜少府之任蜀州》	送杜少府到蜀州上任。
4.没有实际意义	无丝竹之乱耳。(无实际意义) ——《陋室铭》	这里没有嘈杂的音乐声扰乱我的耳朵。

【巧记】

"之" 有意,助词 "的",作指代,表动作。

"之" 无意,凑音节,不翻译。

做做练练

一、"井底之蛙" 中 "之" 的意思是(　　　　)。

　　A.代词　　　　　B.无意　　　　　　C.的　　　　　D.到

二、下列句子中将 "之" 用作代词的是(　　　　)。(多选)

　　A.驴不胜怒,蹄之。(胜:承受,经得起。)　　　　　　　——《黔之驴》

　　B.无丝竹之乱耳。(丝竹:弦乐器和管乐器,泛指音乐。)　　——《陋室铭》

　　C.虽我之死,有子存焉。(虽:即使。存:留下。)　　　　——《愚公移山》

　　D.晏子将使楚,楚王闻之。(将:快要。使:出使。闻:听说。)

　　　　　　　　　　　　　　　　　　　　　　　　　　　　——《晏子使楚》

　　E.于厅事之东北角。(于:在。厅事:招待客人的大厅。)　　——《口技》

三、按要求选择。

　　　物外之趣　　　顷刻之间　　　无价之宝　　　普天之下

　　　敬而远之　　　多事之秋　　　好自为之　　　一走了之

"之"字意思为"的"的成语是：

_____

四、写出下列句子中"之"字的意思。

1. 关关雎鸠,在河之洲。(   )

   [关关:水鸟鸣叫的声音。雎鸠(jū jiū):一种水鸟。洲:水中的陆地。]

2. 吾欲之南海,何如? (   )

   (欲:想要。)

3. 先天下之忧而忧,后天下之乐而乐。(   )

   (先:时间在前的,次序在前的,与"后"相对。)

4. 学而时习之。(   )

   (时:适当的时候。习:温习。)

📰 我的笔记

学习了"之"字的用法,你是否收集了很多含"之"的句子,并知道句子中"之"的意思呢? 请将你收集的句子写在下面。

我积累的含有文言虚词"之"的句子

1. _____

2. _____

3. _____

4. _____

5. _____

趣味拓展

"之乎者也" 的故事

　　"之乎者也" 是一个成语,这四个字都是文言虚词,讽刺人说话喜欢咬文嚼字,也形容半文不白的话或文章。

　　宋朝的开国皇帝赵匡胤在当上皇帝以后,准备拓展外城。他来到朱雀门前,抬头看见门额上写着 "朱雀之门" 四个字,觉得别扭,就问身旁的大臣赵普:"为什么不写 '朱雀门' 三个字,偏写 '朱雀之门' 四个字? 多用一个 '之' 字有什么用呢?" 赵普告诉他说:"这是把 '之' 字作为语助词用的。" 赵匡胤听后哈哈大笑,说:"之乎者也这些虚字,能助得了什么事情啊!" 后来,在民间便流传了一句谚语:"之乎者也以焉哉,用得成章好秀才。"

第 5 课　文言虚词"其"的用法

在文言文的学习中,虚词"其"使用频率高,语法功能强,这个字有好几种用法、解释,分清虚词"其"的用法,对理解文言文有很大帮助。

读读想想

观　沧　海
guān cāng hǎi

[东汉]曹　操
dōng hàn　cáo cāo

东临碣石,以观沧海。
dōng lín jié shí　yǐ guān cāng hǎi

水何澹澹,山岛竦峙。
shuǐ hé dàn dàn　shān dǎo sǒng zhì

树木丛生,百草丰茂。
shù mù cóng shēng　bǎi cǎo fēng mào

秋风萧瑟,洪波涌起。
qiū fēng xiāo sè　hóng bō yǒng qǐ

日月之行,若出其中;
rì yuè zhī xíng　ruò chū qí zhōng

星汉灿烂,若出其里。
xīng hàn càn làn　ruò chū qí lǐ

幸甚至哉,歌以咏志。
xìng shèn zhì zāi　gē yǐ yǒng zhì

> 诗中的"其"是什么意思?这句诗是什么意思?

> "其"的意思是"那里"。这句诗的意思是太阳和月亮的运行,好像是从浩瀚的海洋中发出的。

学学记记

【表解】

"其"的几种用法	举　例	句　意
1. 人称代词,可译为"他(她)""他(她)的""他们""他们的""它""它们""它们的"。	择**其**善者而从之,**其**不善者而改之。(他们的) ——《论语》	选择别人的优点去学习,如果自己也有他们的缺点就改正它。
2. 指示代词,可译为"那""那个""那些""那里""其中的"。	复前行,欲穷**其**林。(那个) ——《桃花源记》	继续往前走,想走到那个林子的尽头。
3. 用作副词,与语气词配合,表示感叹、祈使、疑问或反问语气,可译为"大概""或许""恐怕""怎么""难道"等,或省去不译。	圣人之所以为圣,愚人之所以为愚,**其**皆出于此乎? ——《师说》	圣人之所以能成为圣人,愚人之所以能成为愚人,原因大概都出在这里吧!
4. 用作助词,起调节音节的作用,可不译。	路曼曼**其**修远兮,吾将上下而求索。 ——《离骚》	在追寻真理方面,前方的道路还很漫长,但我将百折不挠,不遗余力地去追求和探索。

【巧记】

"其"有意,作指代,表语气,表选择,表假设。

"其"无意,调音节,不翻译。

做做练练

一、"人之将死,其言也善"中的"其"是什么意思?(　　　)

　　A. 没有具体意思。　　　　　B. 代词,意思是"他的"。

　　C. 语气词,表肯定语气。　　D. 代词,意思是"这件事"。

二、"其一犬坐于前"中的"其"是什么意思？（　　　）（犬坐：像狗一样坐着。）

    A. 其中的　　　　　B. 那个　　　　　C. 难道　　　　　D. 没有实际意义

三、下面成语中"其"字为人称代词，意思为"它（他、她），它（他、她）们，它（他、她）的，它（他、她）们的"的是哪些成语？

    确有其事　　　听其自然　　　出其不意　　　极其珍贵　　　忘其所以

    名副其实　　　各得其所

_____

四、写出下列句子中加点的"其"字的意思。

    1. 故天将降大任于是人也，必先苦**其**心志，劳**其**筋骨。

                           ——《生于忧患，死于安乐》

_____

    2. 以残年余力，曾不能毁山之一毛，**其**如土石何？　　　——《愚公移山》

（曾：副词，用在"不"前，加强否定语气，可译为"连……也……"。）

_____

📰 **我的笔记**

学习了"其"字的用法，你是否收集了很多含"其"的句子，并知道句子中"其"的意思呢？请将你积累的句子写在下面。

我积累的含有文言虚词"其"的句子
1. _____
2. _____
3. _____
4. _____
5. _____

趣味拓展

一文多"其"

狐谓狼曰:"羊肉**其**(副词,表揣测语气,大概,或许)鲜乎! 君**其**(连词,表假设,如果)有意,叼**其**(指示代词,其中的)一而啖之,得饱**其**(第一人称代词,自己的)口福。"狼曰:"**其**(副词,加强疑问语气,又)如猛犬何?"狐间于犬曰:"羊数詈(lì)言,**其**(第三人称代词,它的)言不堪入耳,君乃无所怒,**其**(连词,连用,表选择,是……还是……)无闻邪,**其**(连词,连用,表选择,是……还是……)畏主人邪? 及**其**(第三人称代词,它们)嬉逐,愿为一雪**其**(指示代词,那种)耻。君**其**(副词,加强祈使语气,表希望、要求,相当于"一定""还是")许之!"犬笑曰:"欲加之罪,**其**(副词,表反问语气,难道,怎么)无辞乎?"犬乃悟狐之野心,知路漫漫**其**(音节助词,起调节音节作用,不译)修远矣,护羊愈谨。狐与狼遂去。

参考译文:

狐狸对狼说:"羊肉大概很鲜美啊。如果你有意品尝,不妨叼来一个吃吃,饱饱自己的口福。"狼说:"又有凶狗守护着羊群怎么办?"于是狐狸挑拨离间地对凶狗说:"羊多次在背后骂你,它的那些话太难听了,你竟然不生气,是果真没有听到,还是怕你的主人? 等到哪一天它们追逐嬉戏的时候,我也愿意为你一雪之前的那种耻辱。你一定要答应我。"凶狗笑着说:"想要加害于人,难道还怕找不到罪名吗?"于是,狗明白了狐狸的野心,知道自己(守护羊群)的道路又远又长啊。因此凶狗守护羊群更加谨慎,狐狸和狼悻悻地离去了。

第 6 课　文言虚词"而"的用法

"而"在文言文中的用法比较复杂,使用频率很高,因此,掌握"而"字的用法,对提高文言文阅读能力有着极其重要的作用。

读读想想

饮酒(其五)

[晋] 陶渊明

结庐在人境,而无车马喧。
问君何能尔?心远地自偏。
采菊东篱下,悠然见南山。
山气日夕佳,飞鸟相与还。
此中有真意,欲辨已忘言。

> 诗句中的"而"是什么意思?这句诗是什么意思?

> "而"表示转折,意思是"却"。这句诗的意思是居住在人世间,却没有车马的喧嚣。

🎋 学学记记

【表解】

"而" 的几种用法	举　例	句　意
1. 表示并列关系。一般不译,有时可译为 "又" "和"。	敏而好学,不耻下问。(又) ——《论语》	天资聪明而又好学的人,不以向地位比自己低、学识比自己差的人请教为耻。
2. 表示递进关系。可译为 "并且" 或 "而且"。	君子博学而日参省乎己。(并且) ——《劝学》	君子广泛地学习,并且经常把学到的东西拿来检查自己的言行。
3. 表示转折关系,相当于 "然而" "可是" "却" "但是"。	人不知而不愠,不亦君子乎?(却) ——《论语》	人家不了解我,我却不生气,不也是品德上有修养的人吗?
4. 表示承接关系,可译为 "就" "接着" "从而",或不译。	温故而知新。(从而) ——《论语》	温习旧知识从而得到新的理解与体会。
5. 表示修饰关系,连接状语和中心语,"着" "地" 的意思,或不译。	河曲智叟笑而止之曰。(着) ——《愚公移山》	河曲有个智叟笑着劝阻愚公说。

【巧记】

虚词 "而",用法广,巧分清,记恰当。

表并列,"又" 与 "和";

表递进,作 "并且" "而且";

表转折,"然而" "却";

表承接,"从而" "就";

表修饰,作 "着" "地",或不译。

做做练练

一、"青,取之于蓝,而青于蓝"中"而"字的意思是(　　　)。

　　A. 不用翻译　　　　B. 着　　　　C. 却　　　　D. 而且

二、"永州之野产异蛇,黑质而白章(异:奇特)"中"而"的用法和意思
　　是(　　　)。

　　A. 表修饰,不翻译　　　　　B. 表递进,并且

　　C. 表转折,但是　　　　　　D. 表并列,不翻译

三、下列句子中"而"字用法不是表示转折关系的一项是(　　　)。

　　A. 学而不思则罔,思而不学则殆。　　　　　　——《论语》

　　　　(罔:迷惑而无所得。殆:有害,精神疲倦而无所得。)

　　B. 人不知而不愠,不亦君子乎?　　　　　　　——《论语》

　　　　(知:了解,理。愠:生气,怨恨,恼火,愤怒,埋怨。)

　　C. 任重而道远。　　　　　　　　　　　　　　——《论语》

　　　　(任重:任务重大。道远:要走的道路很长。)

　　D. 予独爱莲之出淤泥而不染。　　　　　　　　——《爱莲说》

四、判断下列句子中"而"的用法,将正确的序号填在括号中。

　　① 表并列关系　　　② 表转折关系　　　③ 表递进关系

　　④ 表承接关系　　　⑤ 表修饰关系

　　(　　　)1. 此不为远者小而近者大乎?　　　　　——《两小儿辩日》

　　(　　　)2. 其家甚智其子,而疑邻人之父。　　　——《智子疑邻》

　　　　(家:指这家人。甚:很,非常。智其子:认为他的儿子很聪明。)

　　(　　　)3. 朝而往,暮而归。　　　　　　　　　——《醉翁亭记》

　　　　(朝:早晨。暮:傍晚。)

　　(　　　)4. 饮少辄醉,而年又最高,故自号曰醉翁也。　——《醉翁亭记》

　　　　(辄:就。年:岁数。自号:是自己为自己所取的号。)

（　　）5. 择其善者**而**从之。　　　　　　　　　　　　　　——《论语》

　　　（善：好的。从：追随。）

📑 我的笔记

学习了 "而" 字的用法，你是否收集了很多含 "而" 的句子并知道句子中 "而" 的意思呢？请将你积累的句子写在下面。

我积累的含有文言虚词 "而" 的句子

1. ＿＿＿＿＿＿＿＿＿＿＿＿＿＿＿＿＿＿＿＿＿＿＿＿＿＿＿

2. ＿＿＿＿＿＿＿＿＿＿＿＿＿＿＿＿＿＿＿＿＿＿＿＿＿＿＿

3. ＿＿＿＿＿＿＿＿＿＿＿＿＿＿＿＿＿＿＿＿＿＿＿＿＿＿＿

4. ＿＿＿＿＿＿＿＿＿＿＿＿＿＿＿＿＿＿＿＿＿＿＿＿＿＿＿

5. ＿＿＿＿＿＿＿＿＿＿＿＿＿＿＿＿＿＿＿＿＿＿＿＿＿＿＿

趣味拓展

"而" 字知多少

"而" 在古文中常是不可少的，但用得过多，又会成为一种累赘。

从前，一个考生的试卷上用了很多 "而" 字，考官在阅卷时批示道："当 '而' 而不 '而'，不当 '而' 而 '而'，而今而后，已 '而' 已 '而'。"意思是："应当用 '而' 的地方却不用 '而'，不应当用 '而' 的地方却又用了 '而'，从今往后，停止乱用 '而'。"

第 7 课　文言虚词"为"的用法

　　"为"在文言文中常被用作动词或介词，它既可以作实词，也可以作虚词。掌握"为"字的用法，可以扫除文言文阅读中的许多障碍。

读读想想

jiǔ yuè jiǔ rì yì shān dōng xiōng dì
九月九日忆山东兄弟

táng wáng wéi
〔唐〕王　维

dú zài yì xiāng wéi yì kè
独在异乡为异客，

měi féng jiā jié bèi sī qīn
每逢佳节倍思亲。

yáo zhī xiōng dì dēng gāo chù
遥知兄弟登高处，

biàn chā zhū yú shǎo yì rén
遍插茱萸少一人。

> 诗句中的"为"是什么意思？这句诗是什么意思？

> "为"的意思是"作为"。诗句的意思是（诗人）独自离家在外地，为他乡的客人。

学学记记

【表解】

"为"的几种用法	举　例	句　意
1.动词，"做""作为""充当""变成""成为"的意思，读"wéi"。	冰，水为之，而寒于水。（变成） ——《劝学》	冰块是水凝结而成的，然而却比水更寒冷。

（续表）

"为" 的几种用法	举　例	句　意
2. 动词，"以 为""认 为"。读 "wéi"。	两小儿笑曰："孰为汝多知乎!"——《两小儿辩日》	两个小孩子笑着对孔子说："是谁说你见多识广呢?"
3. 判断词，"是" 的意思，读 "wéi"。	此不为远者小而近者大乎?——《两小儿辩日》	这不是远小近大的道理吗?
4. 介词，有时跟 "所" 结合，构成 "为所" 或 "为……所"，表示被动，意思是 "被"。读 "wéi"。	舌一吐而二虫尽为所吞。——《童趣》	蛤蟆舌头一伸，两只虫子就全被吞进肚子里了。
5. 介词，后面可带宾语，译为 "替""给""在""因为" 等。读 "wèi"。	请以赵十五城为秦王寿。——《廉颇蔺相如列传》	请用赵国的十五座城池为秦王祝寿。

【巧记】

"为" 作动词，"成为""作为""以为""认为"；
"为" 作判断，"是" 的意思；
"为" 作介词，"为所" 被动，"替""给""因为"。

做做练练

一、写出下列 "为" 字的意思。

1. 此何遽不为福乎?　　　　　　　——《塞翁失马》

2. 温故而知新,可以为师矣。　　　　——《论语》

3. 兔不可复得,而身为宋国笑。　　　——《守株待兔》

4. 不足为外人道也。　　　　　　　——《桃花源记》

二、写出3个含"为"的成语,并挑一个成语造句。

_____

_____

三、阅读古诗,完成练习。

夏 日 绝 句

〔宋〕李清照

生当作人杰,死亦**为**鬼雄。

至今思项羽,不肯过江东。

1."生当作人杰,死亦为鬼雄"中"为"的意思是(   )。

　　A. 做　　　　　B. 因为　　　　　C. 作为　　　　　D. 替

2.这首诗歌颂了一种什么样的精神?

_____

_____

我的笔记

学习了"为"字的用法,你是否收集了很多含"为"的句子并知道句子中"为"的意思呢? 请将你积累的句子写在下面。

> 我积累的含有文言虚词"为"的句子
>
> 1. _____
>
> 2. _____
>
> 3. _____
>
> 4. _____
>
> 5. _____

趣味拓展

天行有常，不为尧存，不为桀亡

"天行有常，不为（介词，因为）尧存，不为（介词，因为）桀亡。"此为（动词，是）至理，当为（介词，对）世人言之，切勿使之为（介词，与 "所" 构成固定结构 "为……所……"，表被动，相当于 "被"）巫所惑。巫者，以诡为（动词，作为，做）业，其所为（动词，作为，做）皆为（介词，为了）利也。故为（介词，当，等到）其来也，即斥之以此理，彰其用心。为（介词，给，替）天下除残去秽，乃吾辈本分，何辞为（句末语气助词，呢）？

参考译文：

"上天的运行有一定的规律，不会因为圣君尧就存在，也不会因为暴君桀就灭亡了。"这是真理，应当对世人说说它，千万不要让他们被巫师迷惑。巫师，拿骗人当职业，他所做的事情都是为了利益。所以当他来到的时候，就用这个道理斥责他，揭露他的用心。替社会清除坏的风气习俗，（这是）我们的分内之事，为何推辞拒绝呢？

第 8 课　文言虚词 "以" 的用法

虚词 "以" 是文言文学习中的重点内容, 掌握 "以" 的常见用法和意义, 对文言文学习的帮助很大。

读读想想

guī suī shòu
龟 虽 寿

dōng hàn　cáo　cāo
［东汉］曹　操

shén guī suī shòu　yóu yǒu jìng shí
神龟虽寿, 犹有竟时。

téng shé chéng wù　zhōng wéi tǔ huī
螣蛇乘雾, 终为土灰。

lǎo jì fú lì　zhì zài qiān lǐ
老骥伏枥, 志在千里。

liè shì mù nián　zhuàng xīn bù yǐ
烈士暮年, 壮心不已。

yíng suō zhī qī　bú dàn zài tiān
盈缩之期, 不但在天。

yǎng yí zhī fú　kě de yǒng nián
养怡之福, 可得永年。

xìng shèn zhì zāi　gē yǐ yǒng zhì
幸甚至哉, 歌以咏志。

> 诗句中的 "以" 是什么意思? 这句诗是什么意思?

> "以" 的意思是 "用来"。诗句的意思是真是幸运极了, 用歌唱来表达自己的思想感情。

学学记记

【表解】

"以" 的几种用法	举　例	句　意
1.介词,用,用来,把,拿。	愿以十五城请易璧。（用） ——《廉颇蔺相如列传》	愿意用十五座城池换取和氏璧。
2.介词,因为。	不以物喜,不以己悲。 ——《岳阳楼记》	不因物的得失和个人的荣辱而或喜或悲。
3.介词,依靠,依照,凭借。	以君之力。 ——《愚公移山》	凭借你的力气。
4.动词,认为,以为。	我以日始出时去人近,而日中时远也。 ——《两小儿辩日》	我认为太阳在刚刚升起时距离人比较近,而在正午时距离人比较远。
5.以……为……;把……当作……	以丛草为林。 ——《童趣》	把草丛当作树林。

【巧记】

"以" 作介词,"用""把""因为""凭借""依靠";"以" 作动词,"认为""以为""以……为""把……当作"。

做做练练

一、下列选项中 "以" 字用法和其他三项不同的是（　　　　）。

　　A. 我以日始出时去人近。　　　　　　　　　——《两小儿辩日》

　　B. 以子之矛,陷子之盾。　　　　　　　　　——《矛与盾》

　　C. 何不试之以足?　　　　　　　　　　　　——《郑人买履》

　　D. 幸甚至哉,歌以咏志。　　　　　　　　　——《观沧海》

二、写出下面句子中"以"的意思。

1. 以虫蚁为兽。 ——《童趣》

_____

2. 此独以跛之故,父子相保。 ——《塞翁失马》

_____

3. 贫者自南海还,以告富者。 ——《为学》

_____

三、请根据意思写出带"以"字的成语。

1. 一个人抵挡十个人。形容军队英勇善战。( )

2. 总以为自己是对的。形容主观,不虚心。( )

3. 长久地坚持下去。( )

📰 我的笔记

学习了"以"字的用法,你是否收集了很多含"以"的句子,并知道句子中"以"的意思呢?请将你积累的句子写在下面。

> 我积累的含有文言文虚词"以"的句子
>
> 1. _____
> 2. _____
> 3. _____
> 4. _____
> 5. _____

趣味拓展

"以"字用法知多少

"秉烛夜游，良有以（名词，原因）也。"若以（动词，认为）已美于潘安，则出无伤；否则，以（介词，凭借）吾之容现于当衢，则恐惊人。故自当以（介词，把）书卷为伴，弃险以（连词，相当于"而"，表并列）远则不敢至之怯，慕"拥火以（连词，表承接关系）入深穴"之勇，醉"木欣欣以（连词，连接状语和中心词）向荣，泉涓涓而始流"之美……畅游书海以（连词，来）极夫天地之乐，如此，以（介词，把）帝位予我，亦弃之也，岂以（介词，因、因为）一冕之故而弃心神之逸？以（连词，因为）吾有如此之意，故方能长享逸乐。吾虽以（介词，在）康熙六年至京师，然终未以（介词，跟、和）权贵交。以（助词，与"上"组合，表界限或范围）上乃吾心之剖白，希汝能察之，故不必有"贤不见用，忠不见以（动词，用）"之叹。

参考译文：

"古代的人秉烛夜游，的确是有原因的啊。"如果认为自己比潘安还英俊潇洒，那么出来走走也没什么妨碍；否则，凭借我这副面容出现在街市上，就恐怕要吓到人了。所以我自己应当把书卷作为伙伴，消除掉因为危险而遥远就不敢到达的怯懦，仰慕"拿着火把进入深穴（探险）"的勇气，陶醉在"树木欣欣向荣，泉水缓缓流动"的美景之中……畅游于书海之中，穷极那天地之间的快乐。像这样，（即使）把皇帝的位子给我，我也会弃之不顾的，难道（我会）因为一顶皇冠的缘故就抛弃精神的悠然闲逸吗？（正）因为我有这样的志向，所以才能够长久地享受闲逸和快乐。我虽然在康熙六年（就）到京城（了），但是始终没有跟权贵交往。以上就是我内心的表白，希望你能体察，因此没必要有"忠臣贤能之人不被任用"的感叹。

第 9 课　其他常见文言虚词的用法

虚词是不表示实在意义的词，主要作用是组合语言，在文言文中一般不作句子成分。虚词种类：副词、介词、连词、助词、叹词、象声词、代词。

读读想想

sòng dù shào fǔ zhī rèn shǔ zhōu
送杜少府之任蜀州

táng　wáng　bó
[唐]　王　勃

chéng què fǔ sān qín　fēng yān wàng wǔ jīn
城 阙 辅 三 秦，风 烟 望 五 津。

yǔ jūn lí bié yì　tóng shì huàn yóu rén
与 君 离 别 意，同 是 宦 游 人。

hǎi nèi cún zhī jǐ　tiān yá ruò bǐ lín
海 内 存 知 己，天 涯 若 比 邻。

wú wéi zài qí lù　ér nǚ gòng zhān jīn
无 为 在 歧 路，儿 女 共 沾 巾。

诗句中的"若"是什么意思？这句诗是什么意思？

"若"的意思是"像"。诗句的意思是四海之内有知己朋友，即使远在天边也好像近在眼前。

学学记记

【表解】

常见虚词	主要用法	举　例	句　意
于	① 介词,向,给,到,从,自。	青,取之于蓝,而青于蓝。(从) ——《劝学》	青,从蓝草中提炼出来,但颜色比蓝草更深。
	② 介词,介绍动作行为产生的原因,可译为"由于""因为"。	业精于勤,荒于嬉。 ——《进学解》	学业由于勤奋而精通,因为游戏玩耍而荒废。
	③ 介词,在。	于舅家见之。 ——《伤仲永》	在舅舅家见到他。
	④ 介词,比。	青,取之于蓝,而青于蓝。 ——《劝学》	青,从蓝草中提炼出来,但颜色比蓝草更深。
乃	① 副词,于是,就。	衡乃穿壁引其光。 ——《凿壁偷光》	于是匡衡把墙壁凿了个洞,引来邻居的烛光。
	② 副词,竟然,居然,却。	乃不知有汉,无论魏晋。 ——《桃花源记》	竟然不知道有汉朝,更不用说魏国和晋朝了。
	③ 副词,是。	若事之不济,此乃天也。 ——《赤壁之战》	如果事情不能成功,那就是天意啊。
	④ 副词,才。	已得履,乃曰:"吾忘持度。" ——《郑人买履》	他已经挑好了鞋子,才想起,说:"我忘记拿量好的尺码来了。"
	⑤ 代词,你的,这,这样。	家祭无忘告乃翁。 ——《示儿》	千万不要忘记(把这件事情)告诉你们的父亲。
若	① 动词,像,好像。	关山度若飞。 ——《木兰诗》	翻越关隘和山岭就像飞过去一样快。
	② 动词,及,比得上。	曾不若孀妻弱子。 ——《愚公移山》	连孤儿寡妇都比不上。
	③ 连词,表假设,如果,假如,假设。	若到江南赶上春,千万和春住。 ——《卜算子·送鲍浩然之浙东》	假如你到江南,还能赶上春天的话,千万要把春天的景色留住。

(续表)

常见虚词	主要用法	举　　例	句　　意
	④ 句首语气词，无实际意思，相当于"要说那""像那""再说""至于"的意思。	若夫霪雨霏霏，连月不开。 ——《岳阳楼记》	像那阴雨连绵不断，数月不晴。

【巧记】

"于"作介词，"向""从""在""比""由于""因为"。

"乃"作副词，"于是""竟然""就""却""是""才"；"乃"作代词，"你的""这样"。

"若"作动词，"像""比得上"；"若"作连词，"如果""假如"；"若"作语气词，"像那""至于"。

做做练练

一、下列选项中"于"字用法和例句相同的是（　　　　）。

例句：停车坐爱枫林晚，霜叶红于二月花。　　　　——杜牧《山行》

A. 于厅事之东北角。　　　　——《口技》

B. 箕畚运于渤海之尾。　　　　——《愚公移山》

C. 蜀道之难，难于上青天。　　　　——《蜀道难》

D. 于舅家见之。　　　　——《伤仲永》

二、写出下列各句中加点字的意思。

1. 尔其无忘乃父之志！（尔：你。志：志向。）　　　　——《伶官传》

_____

2. 私拟作群鹤舞于空中。（私：私自。拟作：比作。）　　　　——《童趣》

_____

3. 屠**乃**奔倚其下。(倚：倚靠。)　　　　　　　　　　　　　——《狼》

_____

三、根据 "若" 的用法,给下列句子分类。

A. 日月之行,**若**出其中。　　　　　　　　　　　　——《观沧海》

B. 天**若**有情天亦老。　　　　　　　　　　　　——《行路难·缚虎手》

C. 千锤万凿出深山,烈火焚烧**若**等闲。　　　　　　　——《石灰吟》

D. **若**待上林花似锦,出门俱是看花人。　　　　　　——《城东早春》

1. "若" 作 "好像" 意思的是 _____。

2. "若" 作 "如果" 意思的是 _____。

📑 **我的笔记**

在平时的学习中,除了这些虚词,你还知道其他的文言文虚词吗? 请将你积累的文言虚词写在下面。

```
            我积累的含有文言文虚词的句子
    1. _____
    2. _____
    3. _____
    4. _____
    5. _____
```

🌿 **趣味拓展**

文短 "乃" 多

尝闻放翁志节,毕现《示儿》,乃(副词,于是)读之。至 "王师北定中原日,家祭无忘告乃(代词,用作第二人称,你,你的)翁" 一句,大为感佩,乃(副词,为,是,就是)忠贞之士也！然亦有人不齿,乃(副词,竟然,却)曰:"此徒沽名耳。"众人质之以理,其辞穷,乃(副词,才)不得已而谢。

参考译文：

曾经听说陆放翁的节操气节,全都表现在《示儿》这首诗里,于是读了读它。读到"王师北定中原日,家祭无忘告乃翁"这句,深深地感动并佩服他,(陆放翁)真是忠诚正直的臣子啊！然而也有人瞧不起他,竟然说:"这只是沽名钓誉罢了。"大家向他询问道理,他无话可说,才不得不道歉。

第 10 课 常见文言语气词

语气是人们说话时的口气，是说话人对所说的事物所表现的态度、情绪，用来表达语气的词语就是语气词。

读读想想

guī suī shòu
龟 虽 寿

dōng hàn cáo cāo
[东汉] 曹 操

shén guī suī shòu yóu yǒu jìng shí
神龟虽寿，犹有竟时。

téng shé chéng wù zhōng wéi tǔ huī
腾蛇乘雾，终为土灰。

lǎo jì fú lì zhì zài qiān lǐ
老骥伏枥，志在千里。

liè shì mù nián zhuàng xīn bù yǐ
烈士暮年，壮心不已。

yíng suō zhī qī bú dàn zài tiān
盈缩之期，不但在天；

yǎng yí zhī fú kě de yǒng nián
养怡之福，可得永年。

xìng shèn zhì zāi gē yǐ yǒng zhì
幸甚至哉，歌以咏志。

诗中的"哉"是什么意思？

"哉"是语气词，表示感叹。

学学记记

【表解】

常见语气词	常见用法	举 例	句 意
1. 也	① 用在句尾表示陈述语气。	孔子不能决**也**。 ——《两小儿辩日》	孔子听了之后不能判断他们俩谁对谁错。
	② 用在句中表示停顿，以舒缓语气。	鸟之将死，其鸣**也**哀；人之将死，其言**也**善。 ——《论语》	鸟快要死的时候，鸣叫的声音是悲哀的；人快要死的时候，说出来的话也是善良的。
2. 矣	① 用在句尾表示陈述语气。	存者且偷生，死者长已**矣**。 ——《石壕吏》	活着的人姑且活一天算一天，死去的人就永远不会复生了。
	② 用在句中，或前一分句句末，表示停顿语气，以引起下文。	舟已行**矣**，而剑不行。 ——《刻舟求剑》	船已经在前行了，但剑是不会前进的。
	③ 用在句尾，表示疑问、感叹、祈使语气。	师道之不传也久**矣**！ ——《师说》	唉，古代从师学习的风尚不流传已经很久了。
3. 乎	① 表示疑问语气，相当于"吗""呢"。	此不为远者小而近者大**乎**？ ——《两小儿辩日》	这不是远处的小而近处的大吗？
	② 表示反问语气，相当于"吗""呢"。	学而时习之，不亦说**乎**？ ——《论语》	学习后经常温习所学的知识，不也很令人愉悦吗？
	③ 表示揣测语气，相当于"吧"。	圣人之所以为圣，愚人之所以为愚，其皆出于此**乎**？ ——《师说》	圣人能成为圣人的原因，愚人能成为愚人的原因，大概就是从这个缘故产生的吧？
4. 哉	① 表示疑问语气，相当于现代汉语中的"吗"。	年时客，如今安在**哉**。 ——《忆江南》	本来就是当世的豪杰了，可如今在哪里呢？
	② 表示感叹语气，相当于现代汉语中的"呀""啊"。	善**哉**，洋洋兮若江河！ ——《伯牙绝弦》	好极了，这琴声就像奔流不息的江河从我心中流过。

【巧记】

> 语气词,表情绪,表态度,并不难。
>
> 说"也"字,尾陈述,中停顿。
>
> 说"矣"字,中停顿,尾述(陈述)疑(疑问),祈使叹(感叹)。
>
> 说"乎"字,疑(疑问)揣(揣测)反(反问)。
>
> 说"哉"字,表疑问,表感叹。

做做练练

一、根据例句中加点的"也"字判断例句是什么语气。(　　　)

　　师者,所以传道授业解惑**也**。　　　　　　　　——韩愈《师说》

　　(传道授业解惑:传授道理,教授学业,解答疑难问题。)

　　A. 陈述语气　　　　　　B. 感叹语气

　　C. 疑问语气　　　　　　D. 反问语气

二、根据例句中加点的"乎"字判断例句是什么语气。(　　　)

　　为人谋而不忠**乎**? 与朋友交而不信**乎**? 传不习**乎**?　　——《论语》

　　A. 疑问语气　　　　　　B. 反问语气

　　C. 揣测语气　　　　　　D. 陈述语气

三、选择下列句子中加点字表达的语气。

　　A. 陈述　　　B. 疑问　　　C. 反问　　　D. 揣测　　　E. 感叹

　　(　　)1. 牡丹之爱,宜乎众**矣**。　　　　　　——《爱莲说》

　　(　　)2. 两小儿笑曰:"孰为汝多知**乎**?"　　——《两小儿辩日》

　　(　　)3. 美**哉**,我少年中国,与天不老。　　——《少年中国说》

📑 我的笔记

在平时的学习中,除了这些语气词,你还知道其他的文言文语气词吗?请将你收集的语气词写在下面。

我积累的含有文言文语气词的句子

1. _____

2. _____

3. _____

4. _____

5. _____

趣味拓展

"哉"字摆尾

宋代的苏东坡和佛印和尚十分要好,佛印有些懒惰、幽默并且爱好美食。有一天,苏东坡邀请黄庭坚游湖,载着美食,不让佛印知道。佛印知道这一消息后,便事先潜伏在船舱里。船到湖中时,苏东坡和黄庭坚相约作诗,要求前两句写景,用带"哉"字的四句结尾。

苏东坡说:

浮云拨开,明月出来。

天何言哉!天何言哉!

黄庭坚说:

浮萍拨开,游鱼上来。

得其所哉!得其所哉!

佛印说:

船板拨开,佛印出来。

人焉瘦哉!人焉瘦哉!

第 11 课　常见文言实词的用法（一）

实词，即含有实际意义的词，实词能单独充当句子成分，一般包括：名词、动词、形容词、数词、量词、代词。

读读想想

早发白帝城
zǎo fā bái dì chéng

[唐] 李白
táng lǐ bái

朝辞白帝彩云间，
zhāo cí bái dì cǎi yún jiān

千里江陵一日还。
qiān lǐ jiāng líng yí rì huán

两岸猿声啼不住，
liǎng àn yuán shēng tí bú zhù

轻舟已过万重山。
qīng zhōu yǐ guò wàn chóng shān

诗题中的"辞"是什么意思？诗题是什么意思？

"辞"的意思是"告别"。诗题的意思是清晨我告别高入云霄的白帝城。

学学记记

【表解】

常见文言实词	意 思	举 例	句 意
引	牵，拉，伸长，举起，带领	友人惭，下车引之。 ——《陈太丘与友期》	友人感到惭愧，下车拉元方。
徐	慢慢地	又留蚊于素帐中，徐喷以烟。 ——《童趣》	我又把蚊子留在未染色的帐子里，用烟慢慢地喷它们。
市	集市；买	及反，市罢，遂不得履。 ——《郑人买履》	等到他返回集市的时候，集市已经散了，最终没有买到鞋子。
辞	告别	故人西辞黄鹤楼。 ——《黄鹤楼送孟浩然之广陵》	老朋友告别了黄鹤楼。
归	回来	将军百战死，壮士十年归。 ——《木兰诗》	将士们经过无数次出生入死的战斗，有些牺牲了，有的十年之后得胜回来。
复	①反复，重复	唧唧复唧唧，木兰当户织。 ——《木兰诗》	一阵唧唧声，又一阵唧唧声，木兰对着门口在织布。
	②再，又	复行数十步。 ——《桃花源记》	又向前走了几十步。
观	①名词，景观	作青云白鹤观。 ——《童趣》	我把它当作一幅青云白鹤的景观。
	②动词，阅读，观看，欣赏	昂首观之。 ——《童趣》	昂着头看它们。

【巧记】

文言实词，最为常见，

牢记意思，立刻判断。

引拉复又，归回徐慢，

市集辞别，景观观看。

做做练练

一、下列选项中对加点词语解释正确的一项是（　　　）。

　　A. 临行拜**辞**袁术。（辞：告别。）　　　　　　——《陆绩怀橘》

　　B. 君问**归**期未有期，巴山夜雨涨秋池。（归：离开。）　——《夜雨寄北》

　　C. 独坐幽篁里，弹琴**复**长啸。（复：重复。）　　——《竹里馆》

　　D. 莫听穿林打叶声，何妨吟啸且**徐**行。（徐：姓氏。）　——《定风波》

二、请你写出 3 个带"观"字的成语。

_____

三、阅读《今日歌》，完成练习。

今　日　歌

［明］文　嘉

今日复今日，今日何其少！

今日又不为，此事何时了？

人生百年几今日，今日不为真可惜！

若言姑待明朝至，明朝又有明朝事。

为君聊赋《今日诗》，努力请从今日始！

1. 用现代汉语写出下面句子的意思。

　　今日复今日，今日何其少！

_____

2. 读完这首诗，你有什么感受？请写一写。

_____

📖 **我的笔记**

　　知道了这么多实词的意思，你还知道哪些文言实词的意思呢？请将你收集的含有文言实词的句子写在下面。

我积累的含有文言实词的句子

1. _____

2. _____

3. _____

4. _____

5. _____

趣味拓展

"尽"其所用，东坡自勉

宋代文豪苏东坡，从小就智慧过人。有一天他写了一副对联，贴在自己的门上：

识遍天下字　　读尽人间书

一天，有一位老翁拿着一本书考问苏东坡，苏东坡随意翻了几页，发现有好些字不认识，一时难为情，便低下了头。苏东坡为此深受触动，将对联改为：

发愤识遍天下字　　立志读尽人间书

第 12 课　常见文言实词的用法(二)

文言文中实词大量出现,掌握较多的文言实词,就能正确理解句子的意思,轻松读懂文言文。

读读想想

劝学

[唐] 颜真卿

三更灯火五更鸡,

正是男儿读书时。

黑发不知勤学早,

白首方悔读书迟。

> 诗句中的"书"是什么意思? 这句诗是什么意思?

> "书"的意思是"书籍"。这句诗的意思是到老的时候才后悔自己年少时为什么不知道勤奋学习。

学学记记

【表解】

常见文言实词	意思	举例	句意
好	① 喜爱	知之者不如**好**之者。 ——《论语》	懂得它的人，不如爱好它的人。
	② 美好，美丽	正是江南**好**风景。 ——《江南逢李龟年》	正是江南风景最美的时候。
传	① 传递	朔气**传**金柝，寒光照铁衣。 ——《木兰诗》	北方的寒气中传来打更声，月光映照着战士们的铠甲。
	② 传授	**传**不习乎？ ——《论语》	老师传授的知识有没有按时温习？
师	① 老师	三人行，必有我**师**焉。 ——《论语》	几个人同行，其中必定有人可以作为我的老师。
	② 军队	十年春，齐**师**伐我。 ——《曹刿论战》	鲁庄公十年的春天，齐国军队攻打鲁国。
书	① 书籍，书信；名册	军**书**十二卷，卷卷有爷名。 ——《木兰诗》	那么多卷征兵名册，每一卷上都有父亲的名字。
	② 书写	即**书**诗四句。 ——《伤仲永》	仲永立刻写下了四句诗。
说	① 文体的一种	爱莲**说**	对莲花的看法（说明事理的文章）
	② 说，谈议，解说，劝说	稻花香里**说**丰年，听取蛙声一片。 ——《西江月》	在稻花的香气里，人们谈论着丰收的年景。
	③ 通"悦"，愉快，高兴	学而时习之，不亦**说**乎？ ——《论语》	学习后经常温习所学的知识，不也很令人愉悦吗？
足	① 值得，足以	不**足**为外人道也。 ——《桃花源记》	（我们这个地方）不值得对外面的人说啊！
	② 脚	何不试之以**足**？ ——《郑人买履》	为什么你不用自己的脚去试一试呢？

【巧记】

> 文言实词,定要牢记。
>
> "师"军队老师,"好"喜爱美丽,
>
> "书"书写书籍,"传"传授传递,
>
> "足"值得或脚,"说"愉悦谈议。

做做练练

一、把下列成语按照不同的意思分类。

　　好为人**师**　　名**师**出高徒　　出**师**不利　　尊**师**重道

　　良**师**益友　　**师**老兵疲　　班**师**得胜　　精锐之**师**

　　1. "师"的意思是"老师"的是_____。

　　2. "师"的意思是"军队"的是_____。

二、下列成语中"足"字意思是"值得"的一项是(　　　　)。

　　A. 手**足**无措　　　　B. 画蛇添**足**　　　　C. 情同手**足**　　　　D. 不**足**挂齿

三、写出下列句中加点字的意思。

　　1. 江水三千里,家**书**十五行。　　　　　　　　——《京师得家书》

　　_____

　　2. 师者,所以**传**道受业解惑也。　　　　　　　——《师说》

　　_____

　　3. 夕阳无限**好**,只是近黄昏。　　　　　　　　——《登乐游原》

　　_____

　　4. 去年元夜时,花**市**灯如昼。　　　　　　　　——《生查子·元夕》

　　_____

趣味拓展

<h2 style="text-align:center">"推敲"的故事</h2>

贾岛写了一首诗,诗里面有两句为"鸟宿池边树,僧推月下门"。写好以后,他觉得第二句里面的"推"字,念起来不够好,想改成"敲"字。可是,他又想了想,觉得用"推"字也还可以,不一定要改成"敲"字。他一会儿觉得用"推"字好,一会儿觉得用"敲"字好,始终决定不下来。他白天黑夜都在想着这两句诗,甚至走路的时候,也一边走,一边做着推门和敲门的手势,仔细琢磨到底用哪一个字更好些。

这样一直走到长安城里,他还是做着手势,不断苦吟。这时,时任长安地方长官的韩愈出门办事,贾岛由于太专心了,一头撞进韩愈的仪仗队。仪仗队的士兵见贾岛这么放肆,便不客气地把他揪过来,推到韩愈跟前。韩愈问贾岛为什么无缘无故冲撞他的车骑?贾岛这时才回过神来,连忙说明是由于作诗神情恍惚的缘故,并非有意冲撞。韩愈是有名的文学家,对贾岛的问题也产生了兴趣,并没责备他,他思索了半天,然后说:"用'敲'字好!"于是,这两句就最后定下来,成为"鸟宿池边树,僧敲月下门"。改为"敲"字,是用来反衬万籁俱寂中更见幽静,也就是响中寓静,这比在万籁俱寂中无声无息地推门要好。从此,韩愈和贾岛便成了诗友。

第 13 课　词 类 活 用

词类活用是指某些词在特定的语言环境中,具有某种新的语法功能,而这种新的语法功能和现代汉语相比有明显的不同,判断时要参照现代汉语的用法进行推断。

读读想想

fēng
风

[唐] 李峤

jiě luò sān qiū yè
解 落 三 秋 叶,

néng kāi èr yuè huā
能 开 二 月 花。

guò jiāng qiān chǐ làng
过 江 千 尺 浪,

rù zhú wàn gān xié
入 竹 万 竿 斜。

> 诗中的"落"和"开"是什么意思?

> "落"和"开"是动词的使动用法,意思是"使……凋落""使……盛开"。

学学记记

【表解】

名词的活用

几种情况	举 例	句 意
1. 名词用作状语	君子博学而**日**参省乎己。(每天) ——《论语》	君子广博地学习,并且每天检验反省自己。
2. 名词用作动词	一狼**洞**其中。(打洞) ——《狼》	一只狼在那里打洞。
3. 名词的使动用法	**聚**室而谋曰。(使……聚,相当于"把……召集在一起") ——《愚公移山》	集合全家来商量。
4. 名词的意动用法	稍稍**宾客**其父。("以……为……","宾客其父"就是"以其父为宾客") ——《伤仲永》	渐渐地都以宾客之礼对待他的父亲。

动词的活用

几种情况	举 例	句 意
1. 动词用作名词	吾**射**不亦精乎?(本来是动词射箭,在这里指射箭的本领) ——《卖油翁》	我射箭的技术不也很高明吗?
2. 动词的使动用法	无丝竹之**乱**耳。(使……受到干扰) ——《陋室铭》	没有嘈杂的音乐使双耳受到干扰。
3. 动词的为动用法	君子**死**知己。(为……而死) ——《咏荆轲》	君子为知己而死。

形容词的活用

几种情况	举 例	句 意
1. 形容词用作名词	造化钟**神秀**。(神奇、秀丽的景色) ——《望岳》	神奇自然,汇聚千种美景。

（续表）

几种情况	举　例	句　意
2. 形容词用作动词	京中有**善**口技者。（擅长） 　　　　　　——《口技》	京城里有个擅长口技的人。
3. 形容词的使动用法	春风又**绿**江南岸。（使……变绿）	暖和的春风啊，吹绿了江南的田野。
4. 形容词的意动用法	孔子登山而**小**鲁，登泰山而**小**天下。（"孔子"主观上认为"鲁"和"天下"小的状态） 　　　　　　——《孟子》	孔子登上鲁国的东山，整个鲁国尽收眼底；孔子登上泰山，天地一览无余。

【巧记】

> 名词活用：作动词，作状语，作使动，作意动。
>
> 动词活用：作名词，作使动。
>
> 形容词活用：作名词，作动词，作意动，作使动。

做做练练

一、对例句中加点字用法和意思分析正确的一项是（　　　）。

例句：温**故**而知新。　　　　　　　　　　　　——《论语》

A. 形容词用作名词，旧知识

B. 动词用作名词，旧知识

C. 形容词的使动用法，使……变旧

D. 形容词用作动词，变旧

二、对例句中加点字用法和意思分析正确的一项是（　　　）。

例句：驴不胜怒，**蹄**之。（不胜：经受不住。）　　　——《黔之驴》

A. 动词用作名词，蹄子

B. 名词用作动词，用蹄子踢

C. 名词用作状语,用蹄子踢

D. 动词用作名词,蹄子

三、请写出下列加点字的用法和意思。

1. 太守即遣人随其往,寻向所志,遂迷,不复得路。　　——《桃花源记》

（即：立即。遣：派遣。遂：竟然。）

_____

2. 学而时习之。　　　　　　　　　　　　　　——《论语》

_____

3. 传不习乎?　　　　　　　　　　　　　　　——《论语》

_____

4. 好之者不如乐之者?　　　　　　　　　　　——《论语》

_____

📖 我的笔记

在平时的学习中,除了以上这些词语,你还知道哪些词类活用的例子? 请将你收集的词语写在下面。

我积累的含有词类活用情况的文言句子

1. _____

2. _____

3. _____

4. _____

5. _____

趣味拓展

夸 父 逐 日

夸父与日逐走,入日;渴,欲得饮,饮于河、渭;河、渭不足,**北**(北:名词作状语,向北)饮大泽。未至,道渴而死。弃其杖,化为邓林。

参考译文:

夸父与太阳赛跑,一直追赶到太阳落下的地方;他感到口渴,想要喝水,就到黄河、渭水喝水。黄河、渭水的水不够,夸父就去北方喝大湖的水。他还没赶到大湖,就半路渴死了。夸父死后遗弃的手杖化为了桃林。

第 14 课 文言句式(一)判断句

对客观事物表示肯定或否定,构成判断与被判断关系的句子叫判断句。文言文里的判断句,往往借助一些助词、语气词或副词来表达或加强判断的语气。

读读想想

chūn rì
春 日

sòng zhū xī
[宋] 朱 熹

shèng rì xún fāng sì shuǐ bīn
胜 日 寻 芳 泗 水 滨,

wú biān guāng jǐng yì shí xīn
无 边 光 景 一 时 新。

děng xián shí de dōng fēng miàn
等 闲 识 得 东 风 面,

wàn zǐ qiān hóng zǒng shì chūn
万 紫 千 红 总 是 春。

诗句中的"是"是什么用法? 这句诗是什么意思?

"是"表示判断。诗句意思是百花齐放、万紫千红,到处都是春天的景致。

学学记记

【表解】

判断句的基本形式	举　例	句　意
1. "……，……也。"	道之所存,师之所存**也**。 ——《师说》	道理存在的地方,就是老师所在的地方。
2. "……者,……"	北山愚公**者**,年且九十,面山而居。 ——《愚公移山》	北山脚下有个叫愚公的人,年纪将近九十岁了,面对着山居住。
3. "……者,……也。"	廉颇**者**,赵之良将**也**。 ——《廉颇蔺相如列传》	廉颇这个人,是赵国的优秀将领。
4. "……,……者也。"	莲,花之君子**者也**。 ——《爱莲说》	莲花,是花中品德高尚的君子。
5. "乃、必、亦、即、诚、皆、则"等副词表示肯定判断,用副词"非"表示否定判断。	及日中**则**如盘盂。 ——《两小儿辩日》	到了中午却像个盘子。
6. 用动词"为"表示判断,即用"为"联系主语和谓语,表示判断。	知之**为**知之。 ——《论语》	知道就是知道。
7. 用动词"是"表示判断。(当"是"作指示代词时,则不表示判断)	同行十二年,不知木兰**是**女郎。 ——《木兰辞》	在一起十二年,不知道花木兰是女扮男装。
8. 无标志词语判断句。	刘备天下枭雄。 ——《赤壁之战》	刘备是当今天下强横而又有野心之人。

【巧记】

判断句中判断词,牢记紧抓关键字。

最为常见是"者""也""乃""必""亦""即""诚""皆""则",

副词表肯定判断,"为"联主语和谓语,

"是"表判断要分清,"是"作动词为判断,"是"作指代则不是。

做做练练

一、下面不是判断句的一项是（　　　）。

　　A. 百姓有得钟者,欲负而走。　　　　　　　　——《掩耳盗铃》

　　B. 鸦本不善鸣。　　　　　　　　　　　　　　——《鸦狐》

　　C. 此则岳阳楼之大观也。　　　　　　　　　　——《岳阳楼记》

　　D. 孰为汝多知乎?　　　　　　　　　　　　　——《两小儿辩日》

二、下列句子中与其他几句的句式特点不相同的一句是（　　　）。

　　A. 予本非文人画士。

　　B. 此言士节不可不勉励也。

　　C. 六国破灭,非兵不利,战不善。

　　D. 夫病者所见非鬼也。

三、下列判断句是用什么词或句式表示判断的? 请你找出来写在横线上。

　　1. 师者,所以传道受业解惑也。　　　　　　　　——《师说》

　　（所以:用来……的。受:通"授",传授。惑:疑难问题。）

　　_____

　　2. 天河之东有织女,天帝之女也。　　　　　　　——《牛郎织女》

　　_____

　　3. 中轩敞者为舱。　　　　　　　　　　　　　　——《核舟记》

　　（轩:高起。敞:敞开。）

　　_____

　　4. 此诚危急存亡之秋也。　　　　　　　　　　　——《出师表》

　　（诚:果真。之:的。秋:时候。）

　　_____

5. 不知天上宫阙，今夕是何年。　　　　　　　　——《水调歌头》

我的笔记

阅读文言文的时候，你是否收集了一些判断句？请将这些句子写在下面。

我收集的文言文判断句

1. _____

2. _____

3. _____

4. _____

5. _____

趣味拓展

司马光砸缸

司马光字君实，陕州夏县人也（"……，……也"为判断句的基本形式）。光生七岁，凛然如成人，闻讲《左氏春秋》，爱之，退为家人讲，即了其大指。自是手不释书，至不知饥渴寒暑。群儿戏于庭，一儿登瓮，足跌没水中，众皆弃去，光持石击瓮破之，水迸，儿得活。

参考译文：

司马光字君实，是陕州夏县人。司马光7岁时，已经像成年一样（古代成年指弱冠，16岁）特别喜欢听人讲《左氏春秋》，了解其大意后，回来讲给家人听。从此他对《左氏春秋》爱不释手，甚至忘记饥渴和冷热。一群小孩子在庭院里面玩，一个小孩站在大缸上面，失足跌落缸中被水淹没，其他的小孩子都跑掉了，司马光拿石头砸开了缸，水从中流出，小孩子得以活命。

第 15 课 文言句式（二）疑问句

在文言文中，借疑问词发出疑问的句子叫疑问句。疑问词分疑问代词和疑问语气词两类，常用的疑问代词有：谁、孰、何、曷、胡、安、焉、奚、恶、盍（盖）等；常用的疑问语气词有：乎、诸、与（欤）、邪（耶）等。

读读想想

咏　柳
yǒng　liǔ

［唐］贺知章
táng　hè zhī zhāng

碧玉妆成一树高，
bì yù zhuāngchéng yí shù gāo

万条垂下绿丝绦。
wàn tiáo chuí xià lǜ sī tāo

不知细叶**谁**裁出，
bù zhī xì yè shuí cái chū

二月春风似剪刀。
èr yuè chūn fēng sì jiǎn dāo

> 第三句诗是什么句式？这句诗是什么意思？

> "谁"是疑问代词，这是一个疑问句，意思这细细的嫩叶是谁的巧手裁剪出来的呢？

学学记记

【表解】

疑问句的几种基本形式	举　例	句　意
1. 使用指人的疑问代词"谁""孰"构成疑问句。	人非生而知之者，**孰**能无惑？（谁） ——《师说》	人不是生下来就什么都知道的，谁会没有疑惑呢？
2. 使用指物的疑问代词"何""胡""曷""奚"构成疑问句。	**安**得广厦千万间，大庇天下寒士俱欢颜。（如何） ——《茅屋为秋风所破歌》	如何能得到千万间宽敞高大的房子，将天下贫寒的读书人全部庇护，让他们开颜欢笑呢？
3. 使用指处所的疑问代词"安""焉"构成疑问句。	且**焉**置土石？（哪里） ——《愚公移山》	况且把土石放在哪里呢？
4. 使用疑问语气词"乎""诸""与""欤""邪""耶"构成疑问句。	汝亦知射**乎**？（吗） ——《卖油翁》	你也懂得射箭吗？
5. 使用固定搭配"几何""何如""奈何""如之何""如……何""奈……何"等表示疑问。	吾欲之南海，**何如**？（怎么样） ——《为学》	我想要到南海去，怎么样？

【巧记】

> 疑问代词标志显，仔细阅读巧分辨。
>
> 指人代词"谁"与"孰"。
>
> 指物代词"何"与"胡"。
>
> 处所代词"安"与"焉"。
>
> 疑问语气词语多，"诸""与""欤""邪""耶""乎"。
>
> 固定搭配要记清，"几何""何如""如之何""奈何""如……何""奈……何"。

做做练练

一、下面选项是疑问句的一项是（   ）。

    A. 梁国杨氏子九岁，甚聪惠。　　　　　　　　——《杨氏之子》

    B. 善哉，洋洋兮若江河！　　　　　　　　　　——《伯牙绝弦》

    C. 问女何所思，问女何所忆。　　　　　　　　——《木兰诗》

    D. 学而不思则罔，思而不学则殆。　　　　　　——《论语》

二、下面选项中疑问句句式和其他三项不同的是（   ）。

    A. 与朋友交而不信乎？　　　　　　　　　　　——《论语》

    B. 吾射不亦精乎？　　　　　　　　　　　　　——《卖油翁》

    C. 双兔傍地走，安能辨我是雄雌？　　　　　　——《木兰诗》

    （傍地走：并排贴着地面跑。）

    D. 此何遽不为祸乎？　　　　　　　　　　　　——《塞翁失马》

三、请用自己的话写出下面句子的意思。

    1. 此不为远者小而近者大乎？　　　　　　　　——《两小儿辩日》

    _____

    2. 何不试之以足？　　　　　　　　　　　　　——《郑人买履》

    _____

    3. 谁言寸草心，报得三春晖。　　　　　　　　——《游子吟》

    _____

📖 我的笔记

阅读文言文的时候，你是否收集了一些疑问句？请你将这些句子写在下面。

我收集的文言文疑问句

1. _____

2. _____

3. _____

4. _____

5. _____

趣味拓展

巧问卖猪肉者

有卖母猪肉者，嘱其子讳之。已而买肉者至，子即谓曰："我家并非母猪肉。"其人觉之，不买而去。父曰："我已吩咐过，如何反先说起！"怒而挞之。

少顷，又一买者至，问曰："**此肉皮厚，莫非母猪肉乎**？"子曰："何如！难道这句话，也是我先说起的？"

参考译文：

有个卖母猪肉的人，嘱咐儿子要避忌说是母猪肉。不久来了一个买肉的，儿子对那人说道："我家卖的不是母猪肉。"买肉人一听此话便察觉了，不买就走了。父亲十分生气地说："我已经嘱咐过你，为何反先提起？"接着揍了儿子一顿。

不一会，又来了一个买肉的问道："此肉皮厚，怕是母猪肉吧？"儿子说："怎么样？难道这句话，也是我先说起的？"

第16课 文言句式(三)被动句

被动句是指主语与谓语之间的关系是被动关系,语句的主语是动作的承受者,这种文言句式翻译成现代汉语就是"被"字句。

读读想想

huā yǐng
花 影

sòng sū shì
[宋] 苏 轼

chóng chóng dié dié shàng yáo tái
重重叠叠上瑶台,

jǐ dù hū tóng sǎo bù kāi
几度呼童扫不开。

gāng bèi tài yang shōu shi qù
刚被太阳收拾去,

què jiào míng yuè sòng jiāng lái
却教明月送将来。

"刚被太阳收拾去"是什么句式?这句诗是什么意思?

这是被动句,意思是刚刚被太阳收去了光芒。

学学记记

【表解】

有标志的被动句的几种常见形式	举 例	句 意
1. 用"为""为……所……""……为所……"表示被动。	舌一吐而二虫尽**为所**吞。 ——《童趣》	舌头一吐，两只虫子都被吞进蛤蟆肚子里。
2. 用"于""受……于……"表被动。	受制**于**人。 ——《三国志·蜀志》	被人控制。
3. 用"被"表被动。	舞榭歌台，风流总**被**雨打风吹去。 ——《永遇乐·京口北固亭怀古》	当年，多少英雄人物在这座舞台上狂歌醉舞；如今，往日的一切风流韵事，在无情风雨的吹打下，全部消失得无影无踪了。

【巧记】

被动句，标志现，识记牢，自会辨。
"为""所""于""受于""被"。

做做练练

一、判断下面哪些句子是被动句，在被动句前面打"√"。

（　　）1. 茅屋为秋风所破歌。　　　　　　　——《茅屋为秋风所破歌》

（　　）2. 兔不可复得，而身为宋国笑。　　　　——《守株待兔》

（　　）3. 正是江南好风景。　　　　　　　　　——《江南逢李龟年》

（　　）4. 胶鬲举于鱼盐之中。　　　　　　——《生于忧患，死于安乐》

　　　　　（举：举荐。鱼盐：在海边捕鱼晒盐。）

（　　）5. 世有伯乐，然后有千里马。　　　　　　　　——《马说》

（　　）6. 择其善者而从之，其不善者而改之。　　　　——《论语》

（　　　）7. 有朋自远方来，不亦说乎？　　　　　　——《论语》

二、判断下列句子的类型。

1. 甚矣，汝之不惠！（　　　　　　　）　　　　——《愚公移山》

2. 见渔人，乃大惊，问所从来。（　　　　　　）　——《桃花源记》

3. 此则岳阳楼之大观也。（　　　　　　）　　　——《岳阳楼记》

4. 兔不可复得，而身为宋国笑。（　　　　　）　——《守株待兔》

三、请用自己的话写出下列句子的意思。

1. 冉有、季路见于孔子。　　　　　　　　　　　——《论语》

_____

2. 先发制人，后发制于人。　　　　　　　　　　——《汉书》

_____

我的笔记

阅读文言文的时候，你是否收集了一些被动句？请你将这些句子写在下面。

我收集的文言文被动句

1. _____

2. _____

3. _____

4. _____

5. _____

趣味拓展

守 株 待 兔

宋人有耕田者。田中有株，兔走触株，折颈而死。因释其耒而守株，冀复得兔。兔不可复得，而身**为**宋国笑（"为"在这里表被动）。

参考译文：

宋国有个农民，他的田地中有一截树桩。一天，一只跑得飞快的野兔撞在了树桩上，扭断了脖子死了。于是，农民便放下他的农具，日日夜夜守在树桩旁边，希望能再得到一只兔子。然而野兔是不可能再次得到了，而他自己也被宋国人耻笑。

第 17 课 文言句式（四）省略句

省略句,指在不影响意思表达的前提下有意省略某一词语或某种成分的句子。文言文和现代文都有省略句,文言文中语言表达更为简洁,省略句出现得更加频繁。

读读想想

sù jiàn dé jiāng
宿 建 德 江
táng mèng hào rán
〔唐〕孟浩然

yí zhōu bó yān zhǔ
移 舟 泊 烟 渚,
rì mù kè chóu xīn
日 暮 客 愁 新。
yě kuàng tiān dī shù
野 旷 天 低 树,
jiāng qīng yuè jìn rén
江 清 月 近 人。

> "野旷天低树"省略了什么成分?完整的句子应该是怎样的?

> 这句诗省略了介词"于",完整的句子是"野旷天低于树"。

学学记记

【表解】

省略句的几种常见形式	举　例	句　意
1.省略主语	过中不至，太丘舍去，去后乃至。 〔过中（友）不至，太丘舍去，去后（友）乃至。〕 ——《陈太丘与友期》	过了中午朋友还没有到，陈太丘不再等候他而离开了，陈太丘离开后朋友才到。
2.省略谓语或省略动词	择其善者而从之，其不善者而改之。 〔择其善者而从之，（择）其不善者而改之。〕 ——《论语》	应当选择他们的优点去学习，对他们的缺点，如果自己有的话，要注意改正；如果没有，就要加以防备。
3.省略宾语。省略"之"，即前面已经出现的人、事、物	温故而知新，可以为师矣。 〔温故而知新，可以（之）为师矣。〕 ——《论语》	温习旧知识从而得知新的理解与体会，凭借这一点就可以成为老师了。
4.省略量词，文言文中数词后常省略量词	林尽水源，便得一山。 〔林尽水源，便得一（座）山。〕 ——《桃花源记》	桃林在溪水发源的地方就到头了，于是出现了一座山。
5.省略介词。文言中介词"于"也常省略	置之其坐。 〔置之（于）其坐。〕 ——《鸿门宴》	把它放在座位上。

【巧记】

省略句，形式多，分清楚，免出错。

省主语，省谓语，省动词，省宾语，省量词，省介词。

做做练练

一、下列选项对句子分析错误的一项是（　　　　）。

A. 日中不至，则是无信；对子骂父，则是无礼！（"无信"和"无礼"前省略了"你"。）　　　　——《陈太丘与友期》

B. 予独爱莲之出淤泥而不染，濯清涟而不妖。（"出"和"濯"后面省略了介词"于"。）　　　　——《爱莲说》

C. 船头坐三人。（"三"后省略了量词"个"。）　　　　——《核舟记》

D. 一鼓作气，再而衰，三而竭。（句子前省略主语。）　　　　——《曹刿论战》

二、请指出下列句子省略的成分。

1. 又留蚊于素帐中。（素帐：未染色的帐子。）（　　　　　　）——《童趣》

2. 元方时年七岁，门外戏。（戏：玩耍。）（　　　　　　）——《陈太丘与友期》

3. 投以骨。（以：用。）（　　　　　　）　　　　——《狼》

4. 孔子东游，见两小儿辩斗，问其故。（辩斗：争论。故：缘故。）（　　　　　　）

——《两小儿辩日》

三、在下列句子的括号中填上省略的内容。

1. 一（　　　）桌，一（　　　）椅，一（　　　）扇，一（　　　）抚尺而已。

——《口技》

2. 渔人甚异之……（　　　）便舍船，从口入。（舍：丢弃。）

——《桃花源记》

3. 徘徊（　　　）庭树下。（徘徊：来回地走。）　　　　——《孔雀东南飞》

4. （　　　）神定，捉虾蟆，鞭（　　　）数十，驱之别院。（鞭：鞭打。驱：驱赶。）

——《童趣》

📰 **我的笔记**

阅读文言文的时候,你是否收集了一些省略句? 请你将这些句子写在下面。

我收集的文言文省略句

1. _____

2. _____

3. _____

4. _____

5. _____

趣味拓展

《寻隐者不遇》中的省略

松下问童子,言师采药去。

只在此山中,云深不知处。

这首诗只有20个字,却有环境,有人物,有情节,内容丰富,其奥秘在于诗人独出心裁地运用了问答体,但不是一问一答,而是藏问于答。第一句省略了主语"我"。"我"来到"松下"问"童子",可见"松下"是"隐者"的住处,而"隐者"外出。"寻隐者不遇"的题目已经交代清楚。"隐者"外出而问其"童子",省略问句而写出"童子"的答语:"师采药去。"那么问话必然是:"你的师父干什么去了?""我"专程来"寻隐者","隐者""采药去"了,自然很想把他找回来。故又问童子:"他上哪儿采药去了?"这一问诗人也没有明写,而是从"只在此山中"的回答里暗示出来的。因而迫不及待地问:"他在哪里?"童子作了这样的回答:"云深不知处。"

这首诗省略了问句,给读者很多的想象空间,读起来令人回味无穷。

第 18 课　文言句式（五）倒装句

我们把文言文中句子成分的排列语序跟现代汉语不同的句子叫倒装句。了解文言文句子的正确语序，才能更好地理解文言文。

读读想想

wàng tiān mén shān
望 天 门 山

táng lǐ bái
〔唐〕李 白

tiān mén zhōng duàn chǔ jiāng kāi
天 门 中 断 楚 江 开，

bì shuǐ dōng liú zhì cǐ huí
碧 水 东 流 至 此 回。

liǎng àn qīng shān xiāng duì chū
两 岸 青 山 相 对 出，

gū fān yí piàn rì biān lái
孤 帆 一 片 日 边 来。

> 最后一句诗是什么句式？正常语序应该是怎样的？

> 最后一句诗是定语后置的倒装句，正常语序是"一片孤帆日边来"。

学学记记

【表解】

倒装句的几种常见形式	用　法	举　例	句　意
1.主谓倒装	为了强调和突出谓语，有时将谓语置于主语前。	甚矣，汝之不惠。 正常语序：汝之不惠甚矣。 ——《愚公移山》	你太不聪明了！
2.宾语前置	① 疑问句中，疑问代词作宾语，宾语前置。	孔文子何以谓之"文"也？ 正常语序：孔文子以何谓之"文"也？ ——《论语》	孔文子的谥号为什么叫"文"呢？
	② 否定句中，代词作宾语，宾语前置。	僵卧孤村不自哀。 正常语序：僵卧孤村不哀自。 ——《十一月四日风雨大作》	我挺直地躺在孤寂荒凉的乡村里，不为自己感到悲哀。
	③ 用"之"或"是"把宾语提于动词前，以突出强调宾语。	何陋之有？ 正常语序：有何陋之？ ——《陋室铭》	有什么简陋的呢？
3.定语后置	为了突出中心词，将定语放在中心词之后。	遂率子孙荷担者三夫。 正常语序：遂率荷担者子孙三夫。 ——《愚公移山》	于是愚公率领儿孙中能挑担子的三个人。
4.介宾短语后置	介词"以""于"组成的介宾短语放在谓语后面。	投以骨。 正常语序：以骨投。 ——《狼》	把骨头丢给狼。

【巧记】

主谓宾，定状补，倒装句，分清楚。

主谓倒装最常见，谓语常在主语前。

疑问句否定句，代作宾位置前，宾语在动词前。

中心词要突出，定语位放在后。

介宾短语"以""于"，位置在谓语后。

做做练练

一、下面是倒装句的一项是(   )。

A.微斯人,吾谁与归?(微:没有。斯人:代词,这种人。)

——《岳阳楼记》

B.天下事有难易乎? ——《为学》

C.至之市而忘操之。(至:等到,直到。之:到……去,往。操:携带。)

——《郑人买履》

D.岁寒,然后知松柏之后凋也。(岁寒:每年天气最寒冷的时候。凋:凋零。)

——《论语》

二、判断下列句子是否是倒装句,是的请打"√",不是的请打"×"。

(   )1.七八个星天外,两三点雨山前。 ——《西江月·夜行黄沙道中》

(   )2.等闲识得东风面,万紫千红总是春。 ——《春日》

(   )3.香雾云鬟湿,清辉玉臂寒。 ——《月夜》

(   )4.竹怜新雨后,山爱夕阳时。 ——《谷口书斋寄杨补阙》

三、写出下列句子的正确语序。

1.楚人有涉江者。 ——《刻舟求剑》

_____

2.竹喧归浣女,莲动下渔舟。 ——《山居秋暝》

_____

3.美哉,我少年中国! ——《少年中国说》

_____

我的笔记

阅读文言文的时候,你是否收集了一些倒装句?请你将这些句子写在下面。

我收集的文言文倒装句

1. _____

2. _____

3. _____

4. _____

5. _____

趣味拓展

"何往"是什么？

有一人秉性十分呆蠢，不通文墨。一次外出，路遇一位朋友，朋友问道："兄何往？"呆子茫然不知所问，但记住了"何往"二字，于是就去问别人，别人故意和他开玩笑说："'何往'是骂你的话。"呆子听了很不高兴。

第二天，呆子在路上又遇到了那位朋友，朋友又问："兄何往？"此人愤然说："我是不何往，你倒要何往呢。"

解析："何往"是"往何"的倒装，意思是往哪里去。

第 19 课　文言文断句

　　断句,即文言句子的停顿,是学习文言文的基本功。学会划分句子停顿,要综合运用古汉语字词句知识和古代文化方面的常识。断句能力的高低是判断文言文阅读能力的重要标志。

读读想想

tí pò shān sì hòu chán yuàn
题破山寺后禅院

táng cháng jiàn
〔唐〕常　建

这首诗朗读时该怎么停顿呢?

qīng chén rù gǔ sì　chū rì zhào gāo lín
清晨入古寺,初日照高林。

qū jìng tōng yōu chù　chán fáng huā mù shēn
曲径通幽处,禅房花木深。

shān guāng yuè niǎo xìng　tán yǐng kōng rén xīn
山光悦鸟性,潭影空人心。

wàn lài cǐ dōu jì　dàn yú zhōng qìng yīn
万籁此都寂,但余钟磬音。

正确的停顿方法应该是这样的:

qīng chén rù gǔ sì　chū rì zhào gāo lín
清晨/入古寺,初日/照高林。

qū jìng tōng yōu chù　chán fáng huā mù shēn
曲径/通幽处,禅房/花木深。

shān guāng yuè niǎo xìng　tán yǐng kōng rén xīn
山光/悦鸟性,潭影/空人心。

wàn lài cǐ dōu jì　dàn yú zhōng qìng yīn
万籁/此都寂,但余/钟磬音。

学学记记

【表解】

句子停顿方法	举　例	句　意
1. 主语和谓语之间要停顿	将军/百战死,壮士/十年归。 ——《木兰诗》	将士们经过无数次出生入死的战斗,有些牺牲了,有的十年之后得胜而归。
2. 谓宾之间要停顿	问/今是何世。 ——《桃花源记》	问现在是什么朝代。
3. 谓语中心语和介宾短语之间要停顿	三顾臣/于草庐之中。 ——《出师表》	三次到草庐来拜访我。
4. "古二今一"之间要停顿。即古代是两个单音节词,而现代汉语中是一个双音节词的,要分开读	可/以一战。 ——《曹刿论战》	可以(凭借这个条件)打一仗。
5. 关联词前要停顿	人不知/而不愠。 ——《论语》	别人不了解我,我却不怨恨他。
6. 总领性词语后面要停顿	盖/大苏泛赤壁云。 ——《核舟记》	刻的是苏东坡泛舟于赤壁之下。
7. 有省略成分的地方要停顿	一鼓/作气,再/而衰,三/而竭。 ——《曹刿论战》 ("再而衰,三而竭"中"再"和"三"后面都省略了动词谓语"鼓","再"和"三"后面应作停顿。)	第一次击鼓能够振作士兵们的士气,第二次击鼓士兵们的士气就开始低落了,第三次击鼓士兵们的士气就耗尽了。
8. 利用文言文中讲究对仗工整的特点断句	曲径/通幽处,禅房/花木深。 ——《题破山寺后禅院》	竹林掩映小路通向幽深处,禅房前后花木繁茂。

【巧记】

> 语法知识掌握住,固定结构莫拆散。
>
> 主谓之间要停顿,谓宾之间要停顿,
>
> 中心语介宾短语,古二今一要停顿,
>
> 关联词前要停顿,总领词后要停顿,
>
> 省略成分要停顿,熟读精思是关键。
>
> 排比对偶与反复,修辞提供好条件,
>
> 相同词语紧相连,一般中间要点断。

做做练练

一、下列句子停顿划分正确的一项是(　　　　)。

    A. 山不/在高,有仙/则名。　　　　　　　　　　——《陋室铭》

    B. 苔痕上/阶绿,草色/入帘/青。　　　　　　　——《陋室铭》

    C. 无丝竹/之乱耳,无案牍/之劳形。　　　　　　——《陋室铭》

    D. 南阳/诸葛庐,西蜀/子云亭。　　　　　　　——《陋室铭》

二、请给下面这首古诗划分朗读节奏。

泊　秦　淮

[唐]杜　牧

烟笼寒水月笼沙,夜泊秦淮近酒家。

商女不知亡国恨,隔江犹唱后庭花。

三、给下列句子划分停顿。

    1. 日初出大如车盖,及日中则如盘盂,此不为远者小而近者大乎?

                                                ——《两小儿辩日》

    2. 予独爱莲之出淤泥而不染,濯清涟而不妖。　　　　　——《爱莲说》

3. 知之者不如好之者,好之者不如乐之者。　　　　——《论语》

4. 见不贤而内自省也。　　　　　　　　　　　　　——《论语》

📑 **我的笔记**

阅读文言文,你碰到过不会划分停顿的句子吗?请你将这些句子写在下面,并试着寻求老师、同学的帮助,将正确的停顿写出来吧!

> **我不会划分停顿的文言文句子**
>
> 1. _____
>
> 2. _____
>
> 3. _____
>
> 4. _____
>
> 5. _____

趣味拓展

祝枝山的对联断句

相传明朝弘治年间,有家财主的豪宅刚落成,请祝枝山写对联。祝挥毫写了下面一副:

此屋安能居住　其人好不悲伤

财主责怪祝枝山为何给他写这样不吉利的话。祝枝山笑笑说:"为什么说这对联不吉利呢?我念给你听吧!此屋安/能居住,其人好/不悲伤。这是大吉大利啊!"

财主听了,特别开心。

第 20 课　文言文翻译

学习文言文需要将文言文、古诗词等古代语言翻译成现代汉语。文言文翻译要根据语句的意思进行翻译，做到尽量符合原文意思，尽可能照顾原文词义。

读读想想

jiāng　nán　chūn
江　南　春

táng　dù　mù
[唐] 杜　牧

qiān lǐ yīng tí lǜ yìng hóng
千里莺啼绿映红，

shuǐ cūn shān guō jiǔ qí fēng
水村山郭酒旗风。

nán cháo sì bǎi bā shí sì
南朝四百八十寺，

duō shao lóu tái yān yǔ zhōng
多少楼台烟雨中。

这首诗怎么翻译呢？

这首诗可以这样翻译：

江南大地鸟啼声声绿草红花相映，
水边村庄山寨城郭处处酒旗飘动。
南朝遗留下的四百八十多座古寺，
无数的楼台全笼罩在风云烟雨中。

学学记记

【表解】

文言文翻译方法	例句及出处	句 意
1. 留。凡是古今意义相同的词,以及古代的人名、地名、物名、官名、国号、年号、度量衡单位等,翻译时可保留不变。	司马光,字君实,陕州夏县人也。 ——《司马光砸缸》	司马光,字君实,是陕州夏县人。
2. 删。凡是古汉语中的发语词、在句子结构上起标志作用的助词和凑足音节的助词等虚词,因在现代汉语中没有词能代替,故翻译时无须译出,可删去。	孔子云:何陋之有? ——《陋室铭》 ("之"为宾语前置的标志,可删去不译。)	孔子说:有什么简陋的呢?
3. 调。就是调整,在翻译文言文倒装句时,应把古汉语倒装句式调整为现代汉语句式。	甚矣!汝之不惠。 ——《愚公移山》 (应调成"汝之不惠甚矣"。)	你太不聪明了!
4. 增。在翻译时增补文言文省略句中的省略成分。	见渔人,乃大惊,问所从来。 ——《桃花源记》	(桃花源中人)一见渔人,大为惊奇,问他是从哪里来的。
5. 换。用现代词汇替换古代词汇。	问君何能尔。 ——《饮酒·其五》	问我为何能如此。
6. 变。在忠实于原文的基础上,活译为相关文字。	将军百战死,壮士十年归。 ——《木兰诗》 (这里使用了互文的修辞手法,翻译时可灵活地把诗句意思翻译出来。)	将士们经过无数次出生入死的战斗,有些牺牲了,有的十年之后得胜而归。

【巧记】

把握大意斟词句,文言翻译重理解。

人名地名不必译,古义现代词语替。

被动省略译规律,倒装成分位置移,

碰见虚词因句译,领会语气重流利。

做做练练

一、判断下面对各例句的翻译是否正确,在正确项后面打"√"。

1. 曾子之妻之市,其子随之而泣。　　　　　　——《曾子杀彘》

　　A. 曾子的妻子到集市上去,她的儿子跟随着她在她后面边走边哭。(　　)

　　B. 曾子的妻子在市集卖东西,她的儿子随后就哭了。(　　)

2. 孔子东游,见两小儿辩斗,问其故。　　　　　——《两小儿辩日》

　　A. 孔子向东游历,看到两个小孩子在打架,孔子问他们为什么打架。

　　　　　　　　　　　　　　　　　　　　　　　　　　　(　　)

　　B. 一天,孔子向东游历,看到两个小孩在争辩,便问是什么原因。

　　　　　　　　　　　　　　　　　　　　　　　　　　　(　　)

3. 前山后山,何地不有?　　　　　　　　　　　——《北人食菱》

　　A. 前面的山后面的山,哪块地没有呢?(　　)

　　B. 前面的山后面的山,那里没有地呢?(　　)

二、请翻译下面的文言文。

王戎识李

　　王戎七岁,尝与诸小儿游。看道边李树多子折枝,诸儿竞走取之,唯戎不动。或问之,答曰:"树在道旁而多子,此必苦李。"取之,信然。

_____

_____

_____

_____

_____

📑 **我的笔记**

翻译文言文的时候,你碰到过翻译不出的句子吗? 请你将这些句子写在下面,并试着寻求老师、同学的帮助,将正确的翻译写下来吧!

```
            我不会翻译的文言文句子

1. _____

2. _____

3. _____

4. _____

5. _____
```

趣味拓展

"死后甚佳"巧翻译

宋代的叶衡罢相回家后,每天同一些贫民饮酒,十分欣慰。不料有一天,心情很不愉快,便询问宾客们说:"我快死了,但不知道死后的日子是好还是不好。"一位姓金的士人说:"死后甚佳!"叶衡惊奇地问道:"您怎么知道的?"士人说:"**使死而不佳,死者皆逃归矣。一死不返,是以知其佳也。**"(意思是:假设死后的情景不好,死了的人就都会跑回人间的。现在死了的人都没有回到人间,所以知道死后的处境很好。)满座宾客都哈哈大笑。

第 21 课　文言文字词句综合练习

(一)《论语》节选

> 子曰:"学而时习之,不亦说乎?有朋自远方来,不亦乐乎?人不知而不愠,不亦君子乎?"
>
> 子曰:"温故而知新,可以为师矣。"
>
> 子曰:"学而不思则罔,思而不学则殆。"
>
> 子曰:"知之者不如好之者,好之者不如乐之者。"
>
> 子曰:"三人行,必有我师焉。择其善者而从之,其不善者而改之。"
>
> 子在川上曰:"逝者如斯夫,不舍昼夜。"

1. 解释下列加点的字。

　　不亦说乎(　　　　　　　)　　　　　　　温故而知新(　　　　　　　)

2. 翻译句子。

　　(1) 三人行,必有我师焉。择其善者而从之,其不善者而改之。

　　_____

　　_____

（2）知之者不如好之者,好之者不如乐之者。

_____

_____

3. 选文中不少句子已经演变为成语,请写出两个。

_____

4. 如果从文中选出一个句子作为自己的座右铭,你会选哪一句? 请说明理由。

_____

_____

_____

（二）陈太丘与友期

陈太丘与友期行,期日中,过中不至,太丘舍去。去后乃至。元方时年七岁,门外戏。客问元方:"尊君在不?"答曰:"待君久不至,已去。"友人便怒曰:"非人哉! 与人期行,相委而去。"元方曰:"君与家君期日中,日中不至,则是无信;对子骂父,则是无礼。"友人惭,下车引之。元方入门不顾。

1. 解释下列加点的字。

（1）陈太丘与友期行（　　　　　　）

（2）相委而去（　　　　　　）

　　（3）下车引之（　　　　　　　　　　　）

　　（4）元方入门不顾（　　　　　　　　　）

2. 指出下列称呼所指代的对象。

　　（1）客问元方："尊君在不？"　　（　　　　　　　　）

　　（2）元方曰："君与家君期日中……"　　（　　　　　）（　　　　　）

3. 翻译句子。

　　友人惭,下车引之。

　　_____

4.《陈太丘与友期》这则故事告诉了我们什么道理?

　　_____

　　_____

　　_____

（三）欧阳修苦读

ōu yáng gōng sì suì ér gū　　jiā pín wú zī　　tài fū rén yǐ dí　huà dì
欧阳公四岁而孤①,家贫无资。太夫人以获②画地,

jiāo yǐ shū zì　　duō sòng gǔ rén piān zhāng shǐ xué wèi shī　　jí qí shāo zhǎng　ér
教以书字。多诵古人篇章,使学为诗。及其稍长,而

jiā wú shū dú　　jiù lú lǐ③ shì rén④ jiā jiè ér dú zhī　　huò yīn ér chāo lù
家无书读,就闾里③士人④家借而读之,或因而抄录。

chāo lù wèi bì　　ér yǐ néng sòng qí shū　　yǐ zhì zhòu yè wàng qǐn shí　　wéi dú shū
抄录未毕,而已能诵其书。以至昼夜忘寝食,惟读书

shì wù　　zì yòu suǒ zuò shī fù wén zì　　xià bǐ yǐ rú chéng rén
是务。自幼所作诗赋文字,下笔已如成人。

注释: ① 孤:小时候失去父亲。　② 获:多年生草本植物,与芦苇相似。

③ 闾里:乡里、邻里。　④ 士人:中国古代文人知识分子的统称,此指读书人。

1. 解释下列加点的字。

教以书字(   )   及其稍长(   )

2. 给下面的句子划分停顿。

欧 阳 公 四 岁 而 孤,家 贫 无 资。

3. 翻译句子。

以 至 昼 夜 忘 寝 食,惟 读 书 是 务。

_____

_____

4. 欧阳修值得我们学习的精神是什么？他的成功,除了自身的努力之外,还有哪些因素?

_____

_____

_____

(四)郑 人 买 履

zhèng rén yǒu yù mǎi lǚ zhě   xiān zì duó qí zú   ér zhì zhī qí zuò   zhì zhī
郑 人 有 欲 买 履 者,先 自 度 其 足,而 置 之 其 坐。至 之
shì ér wàng cāo zhī   yǐ de lǚ   nǎi yuē   wú wàng chí dù   fǎn guī qǔ zhī
市 而 忘 操 之。已 得 履,乃 曰:"吾 忘 持 度。"反 归 取 之。
jí fǎn   shì bà   suì bù de lǚ   rén yuē   hé bú shì zhī yǐ zú   yuē
及 反,市 罢,遂 不 得 履。人 曰:"何 不 试 之 以 足?"曰:
nìng xìn dù   wú zì xìn yě
"宁 信 度,无 自 信 也。"

1. 找出下列句子中的通假字。

而置之其坐 "_____"通"_____"。

反归取之 "_____"通"_____"。

2. 下列加点字意思不相同的一项是(　　　)。

　　A. 先自度其足　　　　　　　何不试之以足

　　B. 宁信度　　　　　　　　　无自信也

　　C. 郑人有欲买履者　　　　　遂不得履

　　D. 先自度其足　　　　　　　吾忘持度

3. 解释"之"字在句子中的意义。

　　(1)反归取之(　　　　　　　)　　(2)何不试之以足(　　　　　　　　)

　　(3)至之市而忘操之(　　　　　　　)(　　　　　　　　)

4. 下面的句子是什么句式？请你进行判断并写出句子的意思。

　　何不试之以足？

　　_____

　　_____

5. 这个故事告诉我们什么道理？

　　_____

　　_____

　　_____

(五)孙权谕吕蒙读书

初，权谓吕蒙曰："卿今当涂掌事，不可不学！"蒙辞以军中多务。权曰："孤岂欲卿治经为博士①邪？但当涉猎，见往事耳。卿言多务，孰若孤？孤常读书，自以为大有所益。"蒙乃始就学。及鲁肃过寻阳，与蒙议论，大惊曰："卿今者才略^②，非复吴下^③阿蒙^④！"蒙曰："士别三日，即更刮目相待，大兄何见事之晚乎！"

注释：① 博士：古代学官名。 ② 才略：才干见识。 ③ 吴下：指长江下游南岸一带。 ④ 阿蒙：吕蒙。

1. 写出下列加点词的意思。

见往事耳＿＿＿＿＿＿＿　　自以为大有所益＿＿＿＿＿＿＿

2. 根据下列句子写出成语。

(1)卿今者才略,非复吴下阿蒙!

成语：＿＿＿＿＿＿＿

(2)士别三日,即更刮目相待,大兄何见事之晚乎!

成语：＿＿＿＿＿＿＿

3. 给下面的句子划分停顿,并将句子翻译成现代汉语。

士别三日,即更刮目相待,大兄何见事之晚乎!

＿＿＿＿＿＿＿＿＿＿

＿＿＿＿＿＿＿＿＿＿

4. 本文通过记述孙权劝勉吕蒙努力学习的故事,说明了什么道理?

＿＿＿＿＿＿＿＿＿＿

＿＿＿＿＿＿＿＿＿＿

＿＿＿＿＿＿＿＿＿＿

(六)夸 父 逐 日

夸父与日逐走,入日;渴,欲得饮,饮于河、渭^①;

河、渭不足，北饮大泽。未至，道渴而死。弃其杖，化为邓林②。

注释：①河、渭：即黄河、渭河。　②邓林：地名，在今大别山附近，河南、湖北、安徽三省交界处。邓林即"桃林"。

1. 解释下列加点的字。

夸父逐日（　　　　）　　　弃其杖（　　　　）

2. 写出"走"字的古今义。

走　古义：＿＿＿＿＿　　今义：＿＿＿＿＿

3. 下面句中的加点字是词类活用现象，请写出其用法。

北饮大泽　＿＿＿＿＿＿＿＿

4. 在括号里补出句中省略的成分。

（1）（　　　　）饮于河、渭。

（2）（　　　　）渴，欲得饮。

5. 翻译下面的句子。

河、渭不足，北饮大泽。

＿＿＿＿＿＿＿＿＿＿

6. 我们可以从夸父身上学到什么精神？

＿＿＿＿＿＿＿＿＿＿
＿＿＿＿＿＿＿＿＿＿
＿＿＿＿＿＿＿＿＿＿

(七)鼠 技 虎 名

楚人谓虎为"老虫",姑苏人谓鼠为"老虫"。余官长洲①,以事至娄东②,宿邮馆③,灭烛就寝,忽碗碟砉然④有声。余问故,门童答曰:"老虫"。余楚人也,不胜惊措,曰:"城中安得有此兽?"童曰:"非他兽,鼠也。"余曰:"鼠何名老虫?"童谓吴俗相传耳。嗟乎!鼠冒老虫之名,互使余惊措欲走,徐而思之,良足发笑。然今天下冒虚名骇俗者不寡矣。

注释:①长洲:县名,今属江苏苏州。 ②娄东:今江苏昆山。 ③邮馆:驿站旅馆。 ④砉(huā)然:破碎声。

1. 解释下列加点的字。

余官长洲( ) 余问故( )

以事至娄东( ) 余曰( )

2. 翻译句子。

城中安得有此兽?

_____

3. "余惊措欲走"是因为_____。

4. 文中作者感叹只有老鼠之流的雕虫小技而冒充老虎威名,这讽刺了
( )。

A. 假冒盛名吓唬世人的人 B. 随便给别人取名号的人

（八）杨 氏 之 子

> liáng guó yáng shì zǐ jiǔ suì　shèn cōng huì　kǒng jūn píng yì qí fù　fù bú zài
> 梁国杨氏子九岁，甚聪惠。孔君平诣其父，父不在，
> nǎi hū ér chū　wèi shè guǒ　guǒ yǒu yáng méi　kǒng zhǐ yǐ shì ér yuē　cǐ shì
> 乃呼儿出。为设果，果有杨梅。孔指以示儿曰："此是
> jūn jiā guǒ　ér yìng shēng dá yuē　wèi wén kǒng què shì fū zǐ jiā qín
> 君家果。"儿应声答曰："未闻孔雀是夫子家禽。"

1. 写出下列加点字的意思。

    甚聪惠 _____

    未闻孔雀是夫子家禽 _____

2. 读下面的句子，在停顿恰当的句子后面画"√"。

    （1）A. 孔指/以示/儿曰。（　　　）

    　　　B. 孔/指以示儿/曰。（　　　）

    （2）A. 未闻/孔雀/是夫子/家禽。（　　　）

    　　　B. 未闻/孔雀/是夫子家/禽。（　　　）

3. "为设果，果有杨梅。"是指_____（谁）为_____（谁）设果。

4. 从文中你能看出杨氏之子是个怎样的孩子？

    _____

    _____

    _____

（九）凿 壁 偷 光

> kuāng héng qín xué ér wú zhú　lín shè yǒu zhú ér bú dǎi　héng nǎi chuān bì yǐn
> 匡衡勤学而无烛，邻舍有烛而不逮①，衡乃穿壁引
> qí guāng　yǐ shū yìng guāng ér dú zhī　yì rén② dà xìng③ wén bú shí jiā fù duō
> 其光，以书映光而读之。邑人②大姓③文不识，家富多

书，衡乃与其佣作④而不求偿。主人怪问衡，衡曰："愿得主人书遍读之。"主人感叹，资给以书，遂成大学⑤。

注释：①不逮：烛光照不到。　②邑人：同县的人。　③大姓：大户人家。　④佣作：做雇工，劳作。　⑤大学：大学问家。

1. 下列句子中"而"字用法与其他三项不同的一项是（　　　）。

　　A. 邻舍有烛而不逮　　　　　B. 匡衡勤学而无烛

　　C. 与其佣作而不求偿　　　　D. 学而时习之

2. 翻译下面的句子。

　　（1）衡乃穿壁引其光，以书映光而读之。

　　_____

　　（2）衡乃与其佣作而不求偿。

　　_____

3. 出自这个故事的一个成语是_____，从字面上看，这个成语的意思是_____，现在用这个成语形容_____。

（十）两小儿辩日

孔子东游，见两小儿辩斗，问其故。

一儿曰："我以日始出时去人近，而日中时远也。"

一儿曰："我以日初出远，而日中时近也。"

一儿曰:"日初出大如车盖,及日中则如盘盂,此不为远者小而近者大乎?"

一儿曰:"日初出沧沧凉凉,及其日中如探汤,此不为近者热而远者凉乎?"

孔子不能决也。

两小儿笑曰:"孰为汝多知乎?"

1. 请找出本文的通假字,并写出意思。

"＿＿"通"＿＿",意思是＿＿＿＿＿＿＿＿＿＿＿＿＿。

2. 联系原文,划分句子停顿,并把下面句子的意思写出来。

（1）我以日始出时去人近,而日中时远也。

＿＿＿＿＿＿＿＿＿＿＿＿＿＿＿＿＿＿＿＿＿

（2）孔子不能决也。

＿＿＿＿＿＿＿＿＿＿＿＿＿＿＿＿＿＿＿＿＿

3. 两小孩辩斗的理由分别是什么?

一儿认为:＿＿＿＿＿＿＿＿＿＿＿＿＿＿＿＿＿

一儿认为:＿＿＿＿＿＿＿＿＿＿＿＿＿＿＿＿＿

4. 对于"早晨和中午太阳离地球的距离"这一问题,《两小儿辩日》中两个小孩各有各的理由,你能查一查相关的科学知识解释一下吗?

＿＿＿＿＿＿＿＿＿＿＿＿＿＿＿＿＿＿＿＿＿＿＿

＿＿＿＿＿＿＿＿＿＿＿＿＿＿＿＿＿＿＿＿＿＿＿

＿＿＿＿＿＿＿＿＿＿＿＿＿＿＿＿＿＿＿＿＿＿＿

＿＿＿＿＿＿＿＿＿＿＿＿＿＿＿＿＿＿＿＿＿＿＿

附录一：现代汉语语法知识学习速成班

一、现代汉语词性

现代汉语的词可以分为两类共12种词性。一类是实词：名词、动词、形容词、数词、量词、代词；一类是虚词：副词、介词、连词、助词、叹词、拟声词。

实词

（一）名词

表示人和事物的名称的词叫名词。如"黄瓜、猪、马、羊、白菜、计算机"。

（1）表示专有名称的叫作"专用名词"，如"云南、李白、白居易、中国"。

（2）表示抽象事物的名称的叫作"抽象名词"，如"思想、质量、品德、品质、友谊、方法"。

（3）表示方位的叫作"方位名词"，如"上、下、左、右、前、后、中、东、西、南、北、前面、后边、东边、南面、中间"等。

（二）动词

动词表示人或事物的动作、行为、发展、变化。

（1）有的动词表示一般的动作，如"来、去、说、走、跑、吼、叫、学习、起飞、审查、认识"等。

（2）有的动词表示心理活动，如"想、重视、注重、尊敬、了解、相信、佩服、惦念"等，这样的动词前面往往可以加上"很、十分"。

（3）有的动词表示能够、愿意这些意思，叫作"能愿动词"，它们是"能、要、应、肯、敢、得（děi）、能够、应该、应当、愿意、可以、可能、必须"，这些能愿动词常常用在一般的动词前面，如"得去、能够做、可以考虑、愿意分享"。

（4）还有一些动词表示趋向，叫作"趋向动词"，如"来、去、上、下、进、出、上来、上去、下来、下去、过来、过去、起来"，它们往往用在一般动词后面表示趋向，如"跳起来、走下去、抬上来、跑过去"。

（5）"是""有"也是动词，跟动词的用法一样，"是"也称为判断动词。

（三）形容词

形容词表示事物的形状、性质、颜色、状态等，如"多、少、高、矮、胖、瘦、奢侈、胆小、丑恶、美丽、红色"。状态形容词"通红、雪白、红彤彤、黑不溜秋"等前面不能加"很"。

（四）数词

数词是表示事物数目的词。如"一、两、三、七、十、百、千、万、亿、半"。

（五）量词

量词是表示事物或动作单位的词。汉语的量词分为名量词和动量词。

（1）名量词表示事物的数量，又可以分为单位量词和度量量词。单位量词表示事物的单位，如"个、张、只、支、本、台、架、辆、颗、株、头、间、把、扇"等；度量量词表示事物的度量，如"寸、尺、丈、斤、两、吨、升、立方米"。

（2）动量词表示动作的数量，用在动词前后表示动作的单位，如"次、下、回、趟、场"。

（六）代词

代词能代替实词和短语。表示指称时，有定指和不定指的区别。不定指往往是指不确定的人、物或某种形状、数量、程度、动作等。它不常指某一定的人物，也就不可能有一定意义，介乎虚实之间。

（1）人称代词：代替人或事物的名称。如"我、你、您、他、她、它、我们、你们、他们、她们、它们、咱们、自己、别人、大家、大伙（自己能和其他代词连用，起强调作用。例如：我自己、你们自己、大家自己）"。

（2）疑问代词：用来提出问题。如"谁、什么、哪（问人或事物）；哪儿、哪里（问处所）；几、多（问数量）；多、多么（问程度）；怎么、怎样、怎么样（问性质状态）；什么、怎样什么样（问方式行动）"。

（3）指示代词：用来区别人或事物。如"这、那（指人或事物）；这儿、这里、那儿、那里（指处所）；这会儿、那会儿（指时间）；这么、这样、这么样、那么、那样、那么样（指性质、状态、方式、行动、程度）；这些、那些、这么些、那么些（指数量）；每、各（指所有的或全体中任何一个）；某、另、别（确有所指，未说明哪一个）"。

代词一般不受别的词类的修饰。代词同它所代替的或指示的实词或短语的用法相当，它所代替的词能充当什么句子成分，它也能充当什么句子成分。

虚词

（七）副词

（1）副词总是用在动词形容词前面做状语，如"很、颇、极、十分、就、都、马上、立刻、曾经、居然、重新、不断"等。

（2）副词通常用在动词、形容词前面。如"就来、马上走、十分好、重新开始"，只有"很""极"可以用在动词、形容词后面做补语，如"高兴得很、喜欢极了"。

（八）介词

介词总是同其他的词组合在一起，构成介词短语，做定语、状语和补语。

如"把、从、向、朝、为、为了、往、于、比、被、在、对、以、通过、随着、作为"。

（九）连词

连词可以连接词、短语、句子乃至段落。如"和、及、或者、或、又、既"。关联词语可以看成是连词，如"因为……所以、不但……而且、虽然……但是"。

（十）助词

附加在词、短语、句子上起辅助作用的词。助词可以分为三类。

（1）结构助词，如"的、地、得、所、似的"。

（2）动态助词，如"着、了、过"。

（3）语气助词，如"啊、吗、呢、吧、呐、呀、了、么、哇"。

（十一）叹词

表示感叹、呼唤、应答的词叫作叹词。如"喂、哟、嗨、哼、哦、哎呀"。叹词总是独立成句。

（十二）拟声词

模拟声音的词。如"呜、汪汪、轰隆、咯咯、沙沙沙、哗啦啦、呼啦啦"。

二、现代汉语语法

语文中的主、谓、宾、定、状、补构成汉语中一个完整的句子，其句子成分的排列顺序是：

（定语）主语＋（状语）谓语（补语）＋（定语）宾语（补语）

（一）主语

主语是谓语陈述的对象，指明说的是"什么人"或"什么事物"。如：

书是人类进步的阶梯。（"书"是主语。）

（二）谓语

谓语是陈述主语的，说明主语"是什么"或"怎么样"。如：

他们正在排练节目。（"排练"是谓语。）

（三）宾语

宾语在动词后面，表示动作、行为涉及的人或事物，回答"谁"或"什么"一类问题。如：

小牛吃青草。（"青草"是宾语。）

（四）定语

定语是名词前面的连带成分，用来修饰人或事物的性质、状态、数量、所属等。如：

那（沉甸甸的）稻穗，像一串（金黄的）宝珠。（"沉甸甸的"和"金黄的"是定语。）

（五）状语

状语是动词或形容词前面的连带成分，用来修饰、限制动词或形容词，表示动作的状态、方式、时间、处所或程度等。如：

他［已经］走了。（"已经"是状语。）

副词、形容词经常作状语，表示时间、处所的名词经常作状语，一般名词不作状语。一般状语紧连在中心词的前边，但表示时间、处所、目的的名词或介词短语作状语时，可以放在主语的前边，如：

［在杭州］我们游览了西湖胜景。（"在杭州"是状语。）

（六）补语

补语是动词或形容词后面的连带成分，一般用来补充说明动作、行为的情况、结果、程度、趋向、时间、处所、数量、性状等。例如：

他写的字比原来不是好〈一点〉，而是好得〈多〉。（"一点"和"多"是补语。）

语法小口诀：

> 主谓宾、定状补，主干枝叶分清楚。
>
> 基本成分主谓宾，连带成分定状补。
>
> 定语必居主宾前，谓前为状谓后补。

附录二：常考文言文高频字词

通假字：

说：通"悦"，读"yuè"，愉快。

    学而时习之，不亦说乎？——《论语》

知：同"智"，读zhì，智慧。

    孰为汝多知乎？——《两小儿辩日》

见：通"现"，读"xiàn"，出现。

    旧时茅店社林边，路转溪头忽见。——《西江月》

亡：通"无"，读"wú"，没有。

    最喜小儿亡赖，溪头卧剥莲蓬。（亡赖：无赖。）——《清平乐·村居》

止：通"只"，读zhǐ，只是。

    担中肉尽，止有剩骨。——《狼》

坐：通"座"，座位。

    先自度其足而置之其坐。——《郑人买履》

反：通"返"，返回。

    寒暑易节，始一反焉。——《愚公移山》

不：通"否"，句末语气词，表询问。

    客问元芳："尊君在不？"——《陈太丘与友期》

女：通"汝"，你。

    诲汝知之乎！——《论语》

曾：通"层"。

    荡胸生曾云。——《望岳》

古今异义词：

闻（古义：听到；今义：用鼻子嗅。）

　　闻王昌龄左迁龙标遥有此寄——《闻王昌龄左迁龙标遥有此寄》

走（古义：跑；今义：行走。）

　　双兔傍地走。——《木兰诗》

厌（古义：满足；今义：讨厌。）

　　学而不厌——《论语》

汤（古义：热水；今义：稀状食物。）

　　及其日中如探汤。——《两小儿辩日》

去（古义：离开；今义：到某地去。）

　　我以日始出时去人近。——《两小儿辩日》

郭（古义：外城；今义：姓氏。）

　　绿树村边合，青山郭外斜。——《过故人庄》

儿女（古义：指子侄这一代晚辈的统称；今义：指儿子和女儿。）

　　无为在歧路，儿女共沾巾。——《送杜少府之任蜀州》

爷（古义：指"父亲"；今义：指"爷爷"。）

　　卷卷有爷名——《木兰诗》

股（古义：大腿；今义：屁股。）

　　两股战战。——《口技》

鄙（古义：边境；今义：品质低下。）

　　蜀之鄙有二僧。——《为学》

一词多义：

故

①旧知识。　　温故而知新。——《论语》

②原因，缘故。　　但为君故，沉吟至今。——《短歌行》

③ 本来，原来。　而两狼之并驱如故。——《狼》

④ 旧，老朋友。　浮云游子意，落日故人情。——《送友人》

⑤ 所以。　故时有物外之趣。——《童趣》

亡

① 逃跑。　怀其璧，从径道亡。——《廉颇蔺相如列传》

② 灭亡。　此诚危急存亡之秋也。——《出师表》

③ 通"无"，没有。　河曲智叟亡以应。——《愚公移山》

④ 丢失。　亡羊补牢——《亡羊补牢》

知

① 了解。　人不知而不愠。——《论语》

② 知道，懂得。　温故而知新。——《论语》

③ 通"智"，聪明。　知之为知之，不知为不知，是知也。——《论语》

道

① 道路。　道狭草木长，夕露沾我衣。——《归园田居·其三》

② 志向。　道不同不相为谋。——《论语》

③ 说，讲。　不足为外人道也。——《桃花源记》

从

① 跟随，随行。　一狼得骨止，一狼仍从。——《狼》

② 自，由。用作虚词，表示起点。

　　儿童相见不相识，笑问客从何处来。——《回乡偶书》

非

① 不是。　花非花，雾非雾。——《花非花》

② 过失。　无心非，名为错。有心非，名为恶。——《弟子规》

去

① 离开。　待君久不至，已去。——《陈太丘与友期》

② 距离。　我以日始出时去人近。——《两小儿辩日》

名

① 名字。　　军书十二卷,卷卷有爷名。——《木兰诗》

② 出名,有名声。　　山不在高,有仙则名。——《陋室铭》

③ 说出,解释。　　不能名其一处也。——《口技》

见

① 看见。　　昨夜见军帖,可汗大点兵。——《木兰诗》

② 拜见。　　冉有、季路见于孔子。——《论语》

③ 通"现",知道。　　读书百遍,而义自见。——《三国志·魏志》

④ 见解。　　各抒己见

文言实词：

引：牵,拉、伸长、举起、带领。

　　友人惭,下车引之。——《陈太丘与友期》

徐：慢慢地。　　又留蚊于素帐中,徐喷以烟。——《童趣》

市：集市,买。　　及反,市罢,遂不得履。——《郑人买履》

辞：告别。　故人西辞黄鹤楼。——《黄鹤楼送孟浩然之广陵》

归：回来。　将军百战死,壮士十年归。——《木兰诗》

复　① 反复,重复。　　唧唧复唧唧,木兰当户织。——《木兰诗》

　　② 再,又。　　复行数十步。——《桃花源记》

观　① 名词,景观。　　作青云白鹤观。——《童趣》

　　② 动词,阅读,观看,欣赏。　　昂首观之。——《童趣》

好　① 喜爱。　　知之者不如好之者。——《论语》

　　② 美好,美丽。　　正是江南好风景。——《江南逢李龟年》

传　① 传递。　　朔气传金柝,寒光照铁衣。——《木兰诗》

　　② 传授。　　传不习乎? ——《论语》

师　① 老师。　　三人行,必有我师焉。——《论语》

② 军队。　十年春,齐师伐我。——《曹刿论战》

书　① 书籍,书信,名册。　军书十二卷,卷卷有爷名。——《木兰诗》

　　② 书写。　即书诗四句。——《伤仲永》

说　① 文体的一种。　爱莲说——《爱莲说》

　　② 说,谈论,解说,劝说。

　　稻花香里说丰年,听取蛙声一片。(谈论)——《西江月》

　　③ 通"悦",愉快,高兴。　学而时习之,不亦说乎?——《论语》

足　① 值得,足以。　不足为外人道也。——《桃花源记》

　　② 脚。　何不试之以足?——《郑人买履》

文言虚词:

之

① 指示代词,代指人、事、物。

　我见相如,必辱之。——《廉颇蔺相如列传》

② 结构助词"的"。

　水陆草木之花。——《爱莲说》

③ 动词,到、往、去的意思。

　送杜少府之任蜀州(到)——《送杜少府之任蜀州》

④ 没有实际意义。

　无丝竹之乱耳。——《陋室铭》

其

① 人称代词,可译为"他(她)""他(她)的""他们""他们的""它""它们""它们的"。

　择其善者而从之,其不善者而改之。——《论语》

② 指示代词,可译为"那""那个""那些""那里""其中的"。

　复前行,欲穷其林。——《桃花源记》

③ 用作副词，与语气词配合，表示感叹、祈使、疑问或反问语气，可译为"大概""或许""恐怕""可要""怎么""难道"等，或不译。

明日复明日，明日何其多。（多么）——《明日歌》

④ 用作助词，起调节音节的作用，可不译。

路曼曼其修远兮，吾将上下而求索。——《离骚》

而

① 表示并列关系。一般不译，有时可译为"又""和"。

敏而好学，不耻下问。（又）——《论语》

② 表示递进关系。可译为"并且"或"而且"。

君子博学而日参省乎己。（并且）——《劝学》

③ 表示转折关系，相当于"然而""可是""却""但是"。

人不知而不愠，不亦君子乎？（却）——《论语》

④ 表示承接关系，可译为"就""接着""从而"，或不译。

温故而知新。（从而）——《论语》

⑤ 表示修饰关系，连接状语和中心语，"着""地"的意思，或不译。

河曲智叟笑而止之曰。（着）——《愚公移山》

为

① 动词，"做""作为""充当""变成""成为"的意思，读"wéi"。

冰，水为之，而寒于水。（变成）——《劝学》

② 动词，"以为""认为"。

两小儿笑曰："孰为汝多知乎！"——《两小儿辩日》

③ 判断词，"是"的意思，读"wéi"。

此不为远者小而近者大乎？（是）——《两小儿辩日》

④ 介词，有时跟"所"结合，构成"为所"或"为……所"，表示被动，意思是"被"，读"wéi"。

舌一吐而二虫尽为所吞。（被）——《童趣》

⑤ 介词，后边可带宾语，译为"替""给""在""因为"等。读"wèi"。

请以赵十五城为秦王寿。——《廉颇蔺相如列传》

以

① 介词，用、把、拿。

愿以十五城请易璧。（用）——《廉颇蔺相如列传》

② 介词，因为。

不以物喜，不以己悲。——《岳阳楼记》

③ 介词，依靠，依照、凭借。

以君之力。——《愚公移山》

④ 动词，认为，以为。

我以日始出时去人近，而日中时远也。——《两小儿辩日》

⑤ 以……为……；把……当作……

以丛草为林。——《童趣》

于

① 介词，向、给、到、从、自。

青，取之于蓝，而青于蓝。（从）——《劝学》

② 介词，介绍动作行为产生的原因，可译为"由于""因为"。

业精于勤，荒于嬉。——《进学解》

③ 介词，在。

于舅家见之。——《伤仲永》

④ 介词，比。

青，取之于蓝，而青于蓝。（后一个"于"：比）——《劝学》

乃

① 副词，于是，就。

乃重修岳阳楼，增其旧制。——《岳阳楼记》

② 副词,竟然,居然,却。

　　乃不知有汉,无论魏晋。——《桃花源记》

③ 副词,是。

　　若事之不济,此乃天也。——《赤壁之战》

④ 副词,才。

　　臣乃敢上璧。——《廉颇蔺相如列传》

⑤ 代词,你的,这,这样。

　　家祭勿忘告乃翁。——《示儿》

参 考 答 案

第1课 通 假 字

一、A

二、B

三、1.最后一个"知"通"智",聪明,智慧。

2."见"通"现",出现。

3."亡"通"无",没有。

4."说"通"悦",愉快。

5."坐"通"座",座位。

6."反"通"返",返回。女通"汝",你。

第2课 古今异义词

一、B

二、B

三、1.古义:满足 今义:讨厌

2.古义:外城 今义:姓氏

3.古义:跑 今义:行走

4.古义:离开 今义:到某地去

5.古义:热水 今义:稀状食物

第3课 一 词 多 义

一、D

二、D

三、故:①旧 ②原因

知:①懂得 ②通"智",智慧

从:①跟从 ②自

亡:①通"无" ②丢失

第4课 文言虚词"之"的用法

一、C

二、AD

三、物外之趣 无价之宝 多事之秋

四、1.的 2.去 3.无义 4.代词,代指学过的知识

第5课 文言虚词"其"的用法

一、B

二、A

三、听其自然 出其不意 名副其实 各得其所

四、1.人称代词,他的。 2.反问语气。

第6课 文言虚词"而"的用法

一、C

二、D

三、C

四、1.① 2.② 3.⑤ 4.③ 5.④

第7课 文言虚词"为"的用法

一、1.成为 2.做 3.被 4.对,向

二、示例:一言为定、先入为主、助人为乐
他助人为乐的行为受到了老师的表扬。

三、1.A 2.示例:人活着就要做人中的

豪杰,为国家建功立业;死也要为国捐躯,成为鬼中的英雄。

第8课　文言虚词"以"的用法

一、A(其他三项是"用"的意思,A项是"认为"的意思)

二、1.把……当作……　2.因为　3.把

三、1.以一当十　2.自以为是　3.持之以恒

第9课　其他常见文言虚词的用法

一、C(例句中"于"是"比"的意思,A、D项"于"是"在"的意思,B项"于"是"到"的意思)

二、1.你的　2.在　3.于是,就

三、1.AC　2.BD

第10课　常见文言语气词

一、A

二、A

三、1.A　2.C　3.E

第11课　常见文言实词的用法(一)

一、A

二、示例:走马观花　坐井观天　察言观色

三、1.总是今日又今日,今日能有多少呢!

　　2.示例:这首诗告诫和劝勉我们时间宝贵,要牢牢地抓住稍纵即逝的今天,今天能做的事一定要在今天做。

第12课　常见文言实词的用法(二)

一、1.好为人师、名师出高徒、尊师重道、良

师益友

　　2.出师不利、师老兵疲、班师得胜、精锐之师

二、D

三、1.书信　2.传授　3.美丽　4.集市

第13课　词类活用

一、A

二、B

三、1.志:名词作动词,做标记。　2.时:名词用作状语,按时。　3.传:动词用作名词,传授的知识。　4.乐:名词的意动用法,以……为乐。

第14课　文言句式(一)判断句

一、D

二、B

三、1."……者……也"表判断。　2."也"表判断。　3."为"表判断。　4."诚""也"表判断。　5."是"表判断。

第15课　文言句式(二)疑问句

一、C

二、C

三、1.这不是离人远看起来小,离人近而看起来大的道理吗?

　　2.为什么不用自己的脚去试鞋子呢?

　　3.谁说做儿子的这颗像小草一样稚弱的心,能报答得了母亲像春天阳光一样的慈爱呢?

第16课　文言句式(三)被动句

一、1.√　2.√　3.×　4.√　5.×

6. ×　7. ×

二、1. 倒装句　2. 省略句　3. 判断句
4. 被动句

三、1. 冉有、季路被孔子召见。　2. 先发动攻击的一方会占据主动地位,后行动的就会被人控制。

第17课　文言句式(四)省略句

一、D　再(鼓)而衰,三(鼓)而竭

二、1. 省略主语　2. 省略介词"于"　3. 省略宾语　4. 省略量词

三、1. 张　把　把　块　2. 渔人　3. 于
4. 我　之

第18课　文言句式(五)倒装句

一、A

二、1. √　2. ×　3. √　4. √

三、1. 有涉江楚人者。　2. 浣女归竹喧,莲下渔舟动。　3. 我少年中国,美哉!

第19课　文言文断句

一、D

二、烟笼寒水/月笼沙,夜泊秦淮/近酒家。
商女/不知/亡国恨,隔江/犹唱/后庭花。

三、1. 日初出/大如车盖,及日中/则如盘盂,此不为/远者小/而近者大乎?
2. 予/独爱莲之/出淤泥/而不染,濯清涟/而不妖。
3. 知之者/不如/好之者,好之者/不如/乐之者。
4. 见不贤/而内自省也。

第20课　文言文翻译

一、1. A　2. B　3. A

二、王戎七岁的时候,有一次和小朋友们一起玩耍,看见路边有株李树,结了很多李子,枝条都被压弯了。那些小朋友都争先恐后地跑去摘,只有王戎没有动。有人问他为什么不去摘李子,王戎回答说:"这树长在路旁,却有这么多李子,这李子一定是苦的。"人们一尝,果然是这样。

第21课　文言文字词句综合练习

(一)

1. "说"通"悦",愉快　旧知识

2. (1) 几个人在一起行走,其中必定有可作为我的老师的人,要选择他们的优点来学习,如果看到他们的缺点,要反省自己有没有像他们一样的缺点,如果有,就要加以改正。

(2) 学习知识或本领,知道它的人不如爱好它的人接受得快,爱好它的人不如以此为乐的人接受得快。

3. 示例:温故知新　择善而从

4. 示例:我会选"温故而知新,可以为师矣。"这一句,可以时刻提醒我要经常温习学过的知识。

(二)

1. (1) 约定　(2) 离开　(3) 拉　(4) 回头看

2. (1) 对别人父亲的尊称　(2) 您　谦辞,对人称自己的父亲

3. 朋友惭愧,下车去拉元方。

4. 提示:我们在人际交往中要诚实守信、尊重他人。

(三)
1. 书写　年纪大
2. 欧阳公/四岁/而孤,家贫/无资。
3. 甚至不分白天黑夜,废寝忘食,只有读书才是重要的事情。
4. 勤学苦练,专心致志。欧阳修的成功,除了他自身的努力之外,还有一个促进因素是家长善于教育,严格要求。

(四)
1. "坐"通"座"　"反"通"返"
2. D
3. (1)代词,指量好的尺寸　(2)代词,指他想买的鞋子　(3)到……去,前往　代词,指量好的尺码
4. 倒装句。正常语序应该是"何不以足试之?"意思是为什么不用脚去试试鞋子呢?
5. 提示:对待事物要会灵活变通、随机应变,要注重客观事实。

(五)
1. 了解　认为
2. (1)吴下阿蒙　(2)刮目相看
3. 士别三日,即更/刮目相待,大兄/何见事之晚乎!
翻译:读书人(君子)分别几天,就要重新另眼看待了,长兄你认清事物怎么这么晚呢?
4. 提示:说明了读书学习的重要性,一个人不论事务有多繁忙,都应抽出空来读书。

(六)
1. 竞跑　丢弃　2. 跑　行走　3. 北:名词作状语,向北。　4. 夸父　夸父　5. 黄河、渭河的水不够,又去北方的大泽湖喝水。
6. 提示:为了目标坚持不懈地努力的精神。

(七)
1. 做官　原因　因为　我
2. 城里怎么会有这种野兽?
3. "我"是楚国人,以为老虫是老虎,所以吓得要逃走
4. A

(八)
1. 惠同"慧",智慧的意思　听说
2. (1)B　(2)B
3. 杨氏子　孔君平
4. 提示:杨氏之子思维敏捷,语言机智幽默,有礼貌,懂礼节。

(九)
1. D(前3个"而"表转折,可译为"但是""却",第四个"而"表示承接)
2. (1)匡衡就把墙壁凿了一个洞引来邻家的光,让光照在书上来读。
(2)匡衡就到他家去做雇工,又不要报酬。
3. 凿壁偷光　指匡衡凿穿墙壁引邻舍之烛光读书　家贫而读书刻苦

(十)
1. "知"通"智"　聪明
2. (1)我以/日始出时/去人近,而/日中时/远也。　我认为太阳刚刚升起时离人近一些,中午的时候离人远一些。
(2)孔子/不能决也。　孔子也不能判断是怎么回事。
3. 日初出大如车盖,及日中则如盘盂　日初出沧沧凉凉,及其日中如探汤
4. 示例:早晨和中午的太阳与地球的距离是一样的。早晨的太阳之所以看起来比中午的大这是视觉的错觉;中午的地面气温比早晨高主要原因是早晨太阳斜射大地,中午太阳直射大地。